EDUCACIÓN ECONÓMICA Y FINANCIERA

Enfoque Solidario

Pablo Emilio Cárdenas Mahecha

BOGOTÁ, COLOMBIA
2020

Autor
© (2020) Pablo Emilio Cárdenas
Mahecha
pamilio@hotmail.com

ISBN 978-958-20-1326-4

© COOPERATIVA EDITORIAL
MAGISTERIO
Celular: (+57) 312 4354489
Bogotá, D.C., Colombia
www.magisterio.com.co
info@magisterio.com.co

Diseño y Diagramación
Adriana Patricia Cárdenas Quiñonez
adpat1986@gmail.com

INVITACIÓN

Los hechos y fenómenos económicos están presentes y actuantes en todos los ámbitos de la vida cotidiana. Nos inquietan, nos afectan, nos apabullan, nos ofrecen oportunidades.

Disponer de herramientas conceptuales básicas de Economía y Finanzas para comprender el entorno socioeconómico es tan importante como aprender a convivir, a cuidar la salud, a ejercer los derechos ciudadanos.

Cuando se tiene alguna responsabilidad de liderazgo o de dirección en una organización colectiva, prepararse para el manejo responsable y eficiente de los recursos económicos es un imperativo ético, un deber social.

El contenido de este libro es útil para cualquier persona interesada en mejorar su comprensión de los fenómenos económicos del entorno, y en desarrollar competencias financieras para el buen uso del dinero.

Invitamos cordialmente a los lectores a abordar de manera crítica los elementos de teoría que se presentan, y a evaluar la pertinencia de acoger las sugerencias orientadas a mejorar destrezas y comportamientos en el manejo de las finanzas personales y familiares.

"La mente que se abre a una nueva idea jamás volverá a su estado original" (Albert Einstein)

PLAN DE CONTENIDOS

INTRODUCCIÓN

La Ley 1328 de 2009 estableció la *Educación Económica y Financiera* como parte del régimen de protección al consumidor financiero. Esta norma ordena a las entidades financieras proporcionarles a sus usuarios conocimientos básicos sobre cómo funciona el mercado financiero, competencias y destrezas necesarias para que sus decisiones relacionadas con el manejo de sus recursos sean conscientes y responsables, así como información sobre los mecanismos establecidos para la defensa de sus derechos.

Las entidades financieras han desarrollado diversas acciones de Educación Económica Financiera, incluyendo en sus contenidos estrategias de promoción de imagen corporativa y fidelización de clientes, dentro del paradigma de individualismo y consumismo que caracteriza al modelo de economía de mercado.

El movimiento cooperativo tiene el reto de responder a este desafío con un enfoque de **Educación Financiera Cooperativa**, que se deslinde claramente de las estrategias de marketing y promoción del consumismo. Porque, más que una exigencia legal, la Educación Económica y Financiera es una necesidad. Se sabe, por ejemplo, que en el ámbito personal y familiar las decisiones financieras se toman generalmente con poco análisis y muchas veces bajo influencias emocionales de publicidad engañosa. Los recurrentes casos de masivas y descaradas estafas (con pirámides, p. e.) y los cotidianos descalabros económicos por mal uso del crédito, son indicadores de la necesidad de herramientas conceptuales y competencias que nos ayuden a tomar mejores decisiones en lo concerniente al uso del dinero y de los productos financieros.

Enfoque de Educación Financiera Cooperativa significa que la educación financiera tiene que alinearse con los principios y valores universales del cooperativismo. Deberá servir para entender y valorar el modelo empresarial cooperativo, y deberá contribuir a desarrollar competencias para *decidir, planear y administrar*, dentro de un paradigma alternativo de desarrollo social, solidario y sustentable.

Uno de los frentes de este desafío es la producción de mensajes diferentes a los que a diario recibimos desde el poder económico a través de los medios masivos de comunicación. Los materiales que se ofrecen en este libro pretenden aportar a este objetivo. Resultan de un esfuerzo del autor por presentar con sencillez los conceptos económicos básicos, y sugerir acciones educativas dentro del enfoque pedagógico de *desarrollo de competencias.*

Los contenidos se organizan así: una primera sección de conceptos básicos de Economía y Finanzas; una segunda sobre el cooperativismo como opción de organización socioeconómica; la tercera de reflexiones sobre hábitos y decisiones en materia de finanzas personales y familiares; y la cuarta sobre herramientas de gestión de pequeñas empresas y/o empresas de Economía Solidaria. Hay explicaciones, descripciones y análisis. Los análisis son la interpretación del autor sobre los hechos y conceptos involucrados, por lo que son, necesariamente, polémicos.

CAPÍTULO I:
HERRAMIENTAS CONCEPTUALES

En esta primera parte abordamos analíticamente algunos de los conceptos básicos que se utilizan en el estudio de la economía. Su comprensión nos ayuda a entender el funcionamiento del sistema económico y financiero, el cual hace parte de nuestro entorno y afecta sustancialmente nuestra vida cotidiana. . El enfoque denominado Pedagogía Conceptual sostiene que entender y apropiarse de los conceptos teóricos es una valiosa estrategia para comprender los fenómenos de la realidad

Las siguientes preguntas motivan el análisis que se propone:

1. *¿Qué significan los términos "mercado" y "fuerzas del mercado"?*
2. *¿Qué papel juegan en la economía las fuerzas del mercado?*
3. *¿Qué es el dinero, quién lo produce y qué papel desempeña en la economía?*
4. *¿Quién y cómo se fijan los precios de las mercancías?*
5. *¿Cómo se determina la distribución de los bienes que la sociedad produce?*
6. *¿Qué es el sistema financiero y qué importancia tiene en la economía?*
7. *¿Cómo influye el entorno económico en el comportamiento de las personas?*
8. *¿Que son las crisis económicas y como afectan la vida de las personas?*
9. *¿Hay leyes económicas ineludibles, o puede el ser humano gestionar la economía?*

LA ECONOMÍA

El término *"economía"* tiene dos significados diferentes. Para entendernos, una importante precisión conceptual: **economía** (sustantivo común) es esa parte de realidad social, histórica y compleja, que aquí denominaremos *"sistema económico"*, y **Economía** es la ciencia social que estudia esa realidad

EL SISTEMA ECONÓMICO

En Ciencias Sociales el concepto de **sistema** hace referencia a un conjunto de elementos que funcionan de manera articulada para producir determinados resultados.

Cuando hablamos de **sistema económico** o, simplemente, **economía**, nos referimos a la estructura de relaciones que se establecen entre los agentes económicos (personas, empresas, instituciones) para producir los bienes y servicios que la sociedad usa para satisfacer sus necesidades.

En la actualidad conocemos básicamente dos sistemas económicos: **el sistema capitalista** o de economía de mercado, y el **sistema socialista** o de economía planificada.

En el sistema capitalista predomina la propiedad privada sobre los medios de producción (tierra, capital y tecnología). Los dueños de las empresas son quienes planean y dirigen la producción de bienes y servicios, utilizando mano de obra asalariada. La fuerza que impulsa el crecimiento económico es el deseo de los capitalistas de generar ganancias y acumular riqueza material. Por eso se produce, no lo que se necesita, sino lo que se pueda vender. Lo que "tenga mercado".

El capitalismo se consolidó como modo de producción dominante en el siglo XIX, época en la cual se produjeron: en el ámbito económico la revolución industrial, y en los ámbitos social y político las revoluciones burguesas liberales. En su desarrollo, este sistema consolidó la libertad individual, impulsó el conocimiento científico y lo aplicó a la producción, elevó los niveles de consumo y concentró la población en las ciudades.

El sistema socialista se basa en la estatización, total o parcial, de la propiedad, y en una fuerte intervención del estado en la planeación y ejecución de las actividades productivas. Llegó a dominar alrededor de la mitad de la economía del mundo en la segunda mitad del siglo XX, pero su importancia ha retrocedido sustancialmente con el cambio de régimen económico y político en lo que fue la Unión de Repúblicas Socialistas Soviéticas, URSS. Sigue vigente en China, Vietnam, Corea del Norte, Camboya y Cuba.

En este libro nos referiremos a fenómenos, hechos y situaciones que tienen como entorno el sistema capitalista o economía de mercado.

EL MERCADO Y LAS FUERZAS DEL MERCADO

*Que los precios de los bienes los determina
el mercado,
Que las decisiones deben consultar las
condiciones del mercado,
Que los gobiernos fracasan en sus políticas
por transgredir las leyes del mercado,
Que un medicamento nuevo y necesario no
se puede producir porque no tiene mercado*

Las anteriores son expresiones con las que nos encontramos frecuentemente. Pero, ¿Qué es el mercado y las fuerzas del mercado? La cuestión no es sencilla, pero es fundamental acercarnos a su comprensión.

A la pregunta ¿Qué es el mercado?, El pensador uruguayo Eduardo Galeano contestó:

"En mi infancia era una palabra que nombraba el lugar de encuentro de los vecinos del barrio, todos los colores alegres, las voces (...). Era una palabra muy linda pero después se convirtió en el nombre de un dios invisible y cruel que rige nuestros destinos.

En la segunda acepción que menciona Galeano, el **mercado** es el entramado de transacciones que realizan los agentes económicos (personas naturales o jurídicas) en el proceso de intercambio de **mercancías**. Existen: el mercado de bienes y servicios, el mercado laboral, el mercado de capitales, el mercado de dinero

El concepto de **fuerzas del mercado** se refiere a tendencias en el funcionamiento y la evolución de la economía, las cuales resultan de decisiones de agentes económicos específicos, pero que, al conjugarse con las decisiones de todos los agentes, se perciben como fenómenos independientes de la voluntad de los individuos.

Las fuerzas del mercado se expresan, básicamente, a través de las demandas (demanda agregada) y las ofertas (oferta agregada) de bienes y servicios. La oferta y la demanda determinan **los precios** (de bienes, servicios, dinero y trabajo), y los precios son las señales que toman en cuenta los agentes económicos para tomar decisiones sobre: 1) qué producir, 2) cuánto producir y 3) cómo distribuir el producto entre ganancias y salarios.

¿Qué producir? Lo que, a los precios que determina el mercado, se pueda vender cubriendo los costos de producción más un margen de ganancia que se considera normal en la economía.

¿Cuánto producir de cada bien o servicio? La cantidad que se pueda vender al precio de equilibrio del mercado. Esto es: un precio que tiende a igualar las cantidades demandadas con las ofrecidas. Si se producen cantidades superiores a la demanda los precios bajan y desestimulan la producción; si se producen cantidades inferiores a la demanda, los precios suben y los productores son inducidos a producir más, hasta lograr un precio que equilibra las cantidades ofrecidas con las cantidades demandadas.

¿Cómo distribuir el producto entre ganancias y salarios?

En la economía de mercado el trabajo es también una mercancía que tiene un precio: el salario. Cuando hay mucha oferta de trabajo (alto desempleo) los salarios bajan, y cuando la oferta de trabajo escasea (poco desempleo) los salarios tienden a subir. Es una tendencia muy general porque en la determinación de los salarios influyen también factores de tipo social como la existencia de sindicatos, la legislación laboral y el grado de desarrollo económico. De todas maneras, el nivel de los salarios depende del mercado. La ganancia es el remanente del valor total de la producción menos los costos, incluidos los salarios.

En un hipotético escenario de **competencia perfecta,** esto es: con muchísimos agentes que realizan la oferta (productores) y muchos demandantes (consumidores), dispersos todos y con la misma información, las fuerzas del mercado son anónimas y el sistema económico tiende a funcionar a su máxima capacidad. Nadie manipula los precios y el mercado es eficiente para regular la producción y la distribución.

Sobre la base de esta abstracción de competencia perfecta con igualdad de oportunidades para todos los individuos fue que los primeros economistas, en la época de consolidación del capitalismo como sistema dominante y de predominio del pensamiento positivista liberal (siglo XVIII y principios del XIX), defendieron las bondades del mercado libre, de iniciativa privada. Adam Smith (1723 – 1790) quien es considerado el fundador de la Economía como ciencia se refirió, tangencialmente, a las fuerzas del mercado como una **mano invisible** que regula la marcha del sistema económico. No fue un concepto esencial en el conjunto de su pensamiento pero se ha popularizado como un gran descubrimiento. Por su fuerza simbólica y porque el enfoque liberal pretende demostrar que hay leyes económicas autónomas, independientes de la voluntad de los seres humanos.

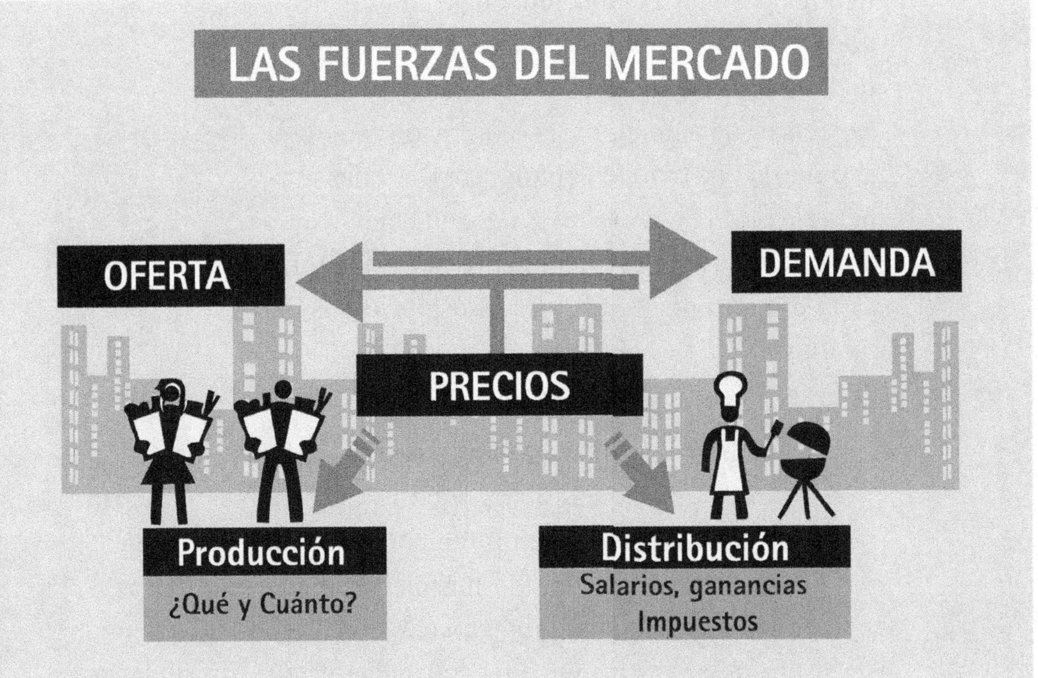

El Neoliberalismo

La situación de competencia perfecta en la economía es apenas una construcción teórica. Desde los inicios de su desarrollo el sistema capitalista se ha caracterizado porque concentra la riqueza a través de monopolios, acuerdos, gremios o corporaciones que manipulan los mercados, y lo de igualdad de oportunidades es apenas una ilusión que se estrella contra la insultante desigualdad social. En el siglo XXI las manos codiciosas de quienes controlan y manipulan los mercados son bastante visibles. Son los intereses de los dueños y los ejecutivos de las grandes empresas, en especial las del sector financiero; los especuladores en el mercado de capitales; los gremios de empresarios; los ejecutivos de los bancos; las poderosas firmas calificadoras de riesgo.

Los partidarios de la corriente de *pensamiento neoliberal*, desconociendo la inexistencia real de competencia, sostienen que el mercado libre asigna eficientemente los recursos, se autorregula y lleva a la economía a niveles óptimos de producción. Afirman que la intervención del estado en la economía es inconveniente porque distorsiona las fuerzas del mercado, que los gobiernos deben limitarse a garantizar la seguridad para la iniciativa privada; recomiendan que se privatice la propiedad pública, se flexibilicen las normas laborales y se libere el comercio.

La historia ha mostrado las nefastas consecuencias de la aplicación del enfoque neoliberal: el capitalismo de libre mercado concentra la riqueza y los beneficios del desarrollo en pocas manos, explota al trabajador, excluye a muchos seres humanos del sistema económico y los condena a vergonzosas condiciones de pobreza.

En especial, la economía de mercado ha demostrado ser totalmente inapropiada en la provisión de servicios tan esenciales como la salud y la educación, porque, en su lógica, el mercado no proporciona servicios a quienes no tienen con qué pagarlos.

La ausencia de una regulación financiera efectiva fue responsable de la crisis económica de 2008, que se inició como crisis financiera en Estado Unidos y se extendió luego a muchos otros países generando desocupación y pobreza, protestas sociales y represión política

Pero los economistas neoliberales siguen aferrados a su fe en el mercado, y a través de organismos financieros como el Fondo Monetario Internacional y el Banco Mundial, imponen sus recetas de austeridad y recorte de derechos sociales a los países que recurren al crédito de estas instituciones.

Desde una perspectiva crítica de la teoría económica, se afirma que el sistema capitalista afronta una crisis estructural, resultado de su incapacidad para dar respuesta a las necesidades de la población, y debido a sus nocivos efectos sobre el medio ambiente. Hay quienes sostienen incluso que lo que está en juego no es solamente el sistema económico sino la civilización misma, y que la teoría económica dominante, el neoliberalismo, es uno de los grandes problemas actuales de la humanidad. Las devastadoras crisis económicas que ha sufrido la sociedad en la era capitalista enseñan que el mercado en realidad no se autorregula ni distribuye los recursos de manera eficiente y justa.

Individualismo, consumismo y alienación

Como análisis crítico del sistema económico cabe una mirada a las determinaciones que el entorno genera sobre la subjetividad de los individuos.

La **modernidad,** como paradigma cultural (racionalismo, ilustración, liberalismo), exalta al individuo y su libertad en todos los órdenes del saber y la cotidianidad. El "ser" de la

Filosofía es el individuo, el Derecho protege principalmente los derechos del individuo, la teoría económica clásica se construye sobre la base del comportamiento egoísta del individuo. La corriente de pensamiento neoliberalismo le suma a este paradigma el consumismo egoísta, la competencia despiadada, la insolidaridad y la acumulación de propiedades como criterio de éxito personal.

Pero la libertad individual se ha consolidado a costa de la fraternidad, generando nuevos motivos de angustia para los seres humanos. Inseguridad, insatisfacción, frustración, soledad e incertidumbre son los vacíos existenciales contemporáneos. El mercado ofrece entretenimiento, distracción, fanatismos, narcóticos, alcohol, ansiolíticos o experiencias compradas, como sucedáneos de un sentido de vida trascendental, pero estos resultan ser apenas paliativos, soluciones artificiales pasajeras.

¿Podría ser el modelo cooperativo una alternativa de organización socioeconómica para satisfacer las necesidades de la gente, gestionando el mercado en vez de que el mercado domine al ser humano?

En la sociedad capitalista la actividad productiva humana es subyugada y alienante para la gran mayoría de la población. Cuando una persona puede elegir un trabajo acorde con sus potencialidades y aspiraciones, puede desplegar su creatividad y sentirse realizado. Pero para el trabajador que tiene que ocuparse en lo que pueda para subsistir, su actividad laboral es despojada de su condición edificante. En la empresa capitalista moderna, que además trata a los trabajadores como "recursos productivos", la generalidad es que la actividad de los "operarios" es masificada, anónima y rutinaria.

En el entorno social hiperconsumista de la cultura moderna la posesión de riqueza material se impone como criterio de éxito, el dinero se fetichiza y domina al individuo. En pos del dinero hay vidas dedicadas al trabajo sin espacio para la vida familiar y la ciudadanía; o más trágico aún, vidas desviadas a actividades delictivas, por necesidad, por tentación o por codicia.

Con estas determinaciones del entorno sobre la vida de los seres humanos, con la nueva realidad en las comunicaciones y el avance de la conciencia ciudadana, el siglo XXI ha llegado con su escalada de indignación social, grandes movilizaciones e inestabilidad política. Se expresan sin atenuantes los intereses y sentimientos de las élites dominantes, el conflicto social se hace visible y se agudiza la violencia. El sistema económico se vuelve inviable socialmente.

EL DINERO

El dinero apareció en la sociedad cuando crecieron los intercambios de bienes entre los seres humanos, y se presentó la necesidad de algo que fuera aceptado como una representación de riqueza, que se pudiera guardar para cambiarlo en el futuro por otros bienes. Se usaron inicialmente diferentes objetos, hasta que el oro y la plata se impusieron como dinero en sus diversas formas: trozos, lingotes, monedas. Luego se usaron billetes de banco que representaban una determinada cantidad de oro o plata existentes en el banco emisor. Finalmente, los gobiernos de los diferentes países asumieron la emisión y el respaldo del dinero, sin que los billetes representen existencias reales de oro o plata.

En la actualidad **el dinero** resulta de un acuerdo tácito entre personas que confían en que un determinado símbolo monetario (moneda) representa una cierta cantidad de riqueza material. El gobierno de cada país determina cuál es la **moneda de curso legal,** la produce y la pone en circulación a través del banco central de la nación.

Las funciones básicas del dinero en la economía son:

1. Servir como **depósito de valor.** En la medida en que representa riqueza, el dinero permite guardar y acumular capacidad de pago. Esta función facilita el ahorro.

2. Servir como **medio de pago.** Es decir, como intermediario en las transacciones de compra-venta, y en todo tipo de contratos.

3. Servir como **unidad de medida del valor.** El dinero es la referencia para la fijación de los precios, para cuantificar el valor de las cosas y hacer registros contables

El sistema de precios no incluye la ética.

El dólar

El dólar estadounidense es desde mediados del siglo pasado la moneda mundial. Con esta moneda se hacen las transacciones internacionales, con relación a ella se fijan los precios de las otras monedas, y todos los bancos centrales tienen la mayor parte de sus reservas en dólares. ¿Cómo logró Estados Unidos semejante privilegio?

Al terminar la segunda guerra mundial casi todas las economías del mundo quedaron devastadas, menos la de Estados Unidos, país que no sufrió la guerra en su territorio y les prestó dinero a las otras naciones. El dólar era entonces la moneda más fuerte y estaba respaldado por oro, a una paridad de 25 gramos de oro por un dólar. En 1944, mediante el acuerdo firmado por 44 países en Breton Woods, se impuso el dólar como moneda para pagos internacionales. Algunos países que inicialmente se resistieron tuvieron que aceptarlo paulatinamente.

En 1971, ante el hecho de que el oro en reserva no alcanzaba para respaldar todos los dólares emitidos, Estados Unidos eliminó mediante una ley interna la convertibilidad del dólar en oro. El mundo tuvo que seguir aceptando los dólares como moneda internacional, porque los sistemas de pagos están supeditados a esa moneda, y por el poder hegemónico del país emisor en la economía mundial.

En 1975 se impone el dólar como única moneda para las compras y ventas de petróleo en todo el mundo, reforzando con esto el poder de maniobra de los Estados Unidos sobre el sistema monetario internacional. Este dominio, además de las inmensas ventajas económicas, es lo que le permite a ese país imponer sanciones económicas a países que cuestionan sus intereses económicos o políticos.

En el presente siglo, a partir de la crisis financiera de 2008 especialmente, las relaciones de poder mundial empiezan a cambiar y el dólar a perder su hegemonía. Varias naciones están cambiando por oro o por otras monedas sus reservas internacionales; China y Rusia utilizan sus monedas para el comercio bilateral, y el Yuan se usa en las transacciones de petróleo, incluyendo contratos a futuro, transacciones que hasta 2018 se hacían exclusivamente en dólares. Es una situación irreversible que se consolida haciendo parte de los factores que determinan la distribución del poder geopolítico mundial.

Los pagos electrónicos

Con el desarrollo de la tecnología digital, buena parte de los pagos se hacen ahora sin la intervención del dinero físico, monedas o billetes. Los pagos se hacen mediante transferencias electrónicas de una cuenta bancaria a otra, usando tarjetas o aplicativos para computadores o teléfonos móviles que se comunican a través de internet. Hay ya quienes pronostican la futura desaparición del dinero físico, vislumbrando también preocupantes impactos: los bancos tendrán a su disposición los datos personales de casi todos los habitantes del mundo y, de otra parte, una falla generalizada de las redes de comunicación (resultado de un ciberataque, por ejemplo) paralizaría los sistemas de pago y el sistema financiero, con efectos desastrosos sobre todo el sistema económico.

El dinero digital

Como dijimos, la aceptación de una determinada moneda se basa en la confianza y en el control del estado sobre la cantidad de dinero en circulación. Muchas transacciones se hacen ya como transferencias y compensaciones entre cuentas bancarias sin el uso de dinero fiduciario (billetes, moneda o cheques).

Así, el remplazo del dinero tradicional por un símbolo monetario virtual es sólo cuestión de confianza y de encontrar una manera segura de controlar la cantidad emitida y de certificar las transacciones que hacen los agentes económicos.

Las criptomonedas son símbolos monetarios que representan valor, pero no tienen existencia física. Son registros digitales en dispositivos de cómputo. Aunque no tengan curso legal respaldado por ningún gobierno, las criptomonedas sirven como medio de intercambio, como depósito de valor y como unidad de cuenta. La mayoría de las criptomonedas (a excepción de las emitidas en Venezuela y China que aún no son la moneda oficial en esos países) no son administradas ni controladas por instituciones gubernamentales. Por eso se dice que su administración es descentralizada. Se sustentan en un acuerdo tácito entre sus usuarios. Sus creadores ponen en la Internet un programa de computador que controla la emisión y el registro de las transacciones; a cambio de una pequeña recompensa los "mineros" (expertos informáticos voluntarios) van creando las unidades monetarias programadas y registran parte de las transacciones; las personas o empresas adquieren esas monedas, las depositan en un sitio reservado de la red llamado billetera, y con ellas hacen transacciones. Como cualquier moneda convencional, las criptomonedas se negocian y, de acuerdo a la oferta y la demanda, adquieren un precio en términos de otras monedas, virtuales o físicas.

Como vemos, la función del dinero no es satisfacer las necesidades humanas. El dinero en sí mismo no proporciona satisfacción ni placer ni felicidad. Pero la sociedad de consumo lo ha fetichizado, y el afán de acumular bienes materiales desencadena pasiones como la avaricia y la codicia, que llevan los a individuos dominados por ellas a prácticas antisociales como la estafa, el engaño y la corrupción. Aspirar a una vida digna y satisfactoria exige una reflexión seria sobre el papel del dinero en la vida personal y en la sociedad. El dinero puede ser un medio para la realización de un proyecto, pero no, de ninguna manera, puede ser **el fin** de una vida humana.

LAS EMPRESAS

Las empresas capitalistas son actualmente los principales actores, o **agentes,** del sistema económico. No son, sin embargo, la única forma de organización para producir. Hay otras opciones como el ejercicio individual e independiente de una profesión, unidades familiares, organizaciones mutuales, comunitarias o cooperativas.

Empresa es toda **organización**, privada, estatal o mixta, que produce bienes o servicios, combinando los factores productivos: **capital y trabajo** (En los primeros tratados de Economía se hablaba de tres factores: tierra, capital y trabajo)

El concepto de **capital** incluye dinero, instalaciones, recursos naturales, materias primas, maquinaria y tecnología. **Trabajo** es la actividad de las personas que llevan a cabo el proceso productivo. En la economía moderna se utiliza mucha maquinaria y avanzada tecnología para producir, pero sigue siendo cierto que, en última instancia, solamente es el trabajo el factor que produce nueva riqueza al agregarle valor a los insumos y materias primas que se utilizan en el proceso productivo.

Desde el punto de vista de la actividad que realizan, las empresas se dedican a actividades extractivas, fabricación de bienes o prestación de servicios, correspondiendo esta clasificación con el concepto de sectores primario, secundario y terciario. Y todos los productos generados por las empresas, o por personas naturales, son **bienes o servicios.**

Con el desarrollo del capitalismo y el proceso de concentración de la propiedad, el tamaño de algunas empresas es inmensamente grande y su ámbito de actividad es el mundo entero. Son las llamadas firmas o corporaciones transnacionales. El poder de estas firmas, en especial las del sector financiero, es tan determinante en la economía mundial que pueden condicionar a sus intereses el ejercicio del poder político.

Para nuestros propósitos es crucial y necesario diferenciar con precisión las empresas cooperativas de las empresas capitalistas.

Las empresas cooperativas se crean para satisfacer necesidades de sus asociados o de la comunidad. Son de propiedad colectiva, se administran democráticamente y los excedentes se destinan a servicios colectivos, a solidaridad, a educación, o al desarrollo de proyectos que benefician a todos.

Para **las empresas capitalistas** el objetivo fundamental, y lo que determina su éxito o fracaso, es la generación de ganancias. Producen lo que puedan vender (lo que el mercado determine), y las utilidades son repartidas entre sus dueños en proporción al capital invertido.

EL CONTEXTO MUNDIAL

Una mirada analítica
a la "casa común".

Desde diversas corrientes de pensamiento se sostiene que el capitalismo afronta una **crisis estructural** que lo hace inviable como sistema de organización socioeconómica para la sociedad del siglo XXI, globalizada, interconectada, más informada y más consciente.

Las crisis económicas son un fenómeno recurrente del modo de producción capitalista, el cual no evoluciona establemente sino a través de una trayectoria de auges y recesiones que se ha denominado el ciclo económico.

> Auge significa crecimiento continuo del producto, de la inversión y del empleo. Se habla de Recesión, en general, cuando la producción de un determinado período es menor que la del período anterior. Joseph Stiglitz (en: Caída Libre) define recesión como: para los teóricos un período de dos o más trimestres consecutivos de crecimiento negativo del producto; para los trabajadores una situación de desempleo que no mejora; para los empresarios cuando, por falta de demanda, tienen que producir por debajo del potencial de su capacidad instalada.

> Una **crisis** es una recesión profunda y prolongada.

> Las más devastadoras crisis económicas han quedado registradas como importantes hechos históricos. Se recuerdan como excepcionalmente graves la crisis de los años

30 o *"gran depresión"*, y la crisis que se inició en el año 2007, denominada "la gran recesión". Esta dos comenzaron en Estados Unidos con un estallido (*crack*) financiero, que consiste en quiebras de entidades financieras y caídas de los precios de las acciones. Les siguen drásticas disminuciones de la producción, quiebras de empresas del sector productivo, despidos masivos de trabajadores y descenso dramático en los niveles de consumo.

En las crisis de los años treinta la producción y el empleo cayeron en porcentajes cercanos al 25%. Se implementaron políticas expansivas de crédito y gasto público para estimular la demanda, pero la actividad productiva se mantuvo deprimida durante toda la década. Tristemente, la solución llegó con la más trágica catástrofe social de la historia humana, la segunda guerra mundial (1939-1945). La destrucción de capital (infraestructura, maquinaria, insumos) y de seres humanos (60 millones), y el colosal gasto en armas y provisiones, crearon condiciones favorables para el auge que experimentó la economía mundial durante las siguientes tres décadas. Un antecedente preocupante en la actual coyuntura de inestabilidad económica, tensiones sociales y desconocimiento de la institucionalidad internacional creada para preservar la paz.

En 2007 estalla en Estado Unidos la burbuja de créditos hipotecarios dudosamente garantizados y convertidos en activos financieros especulativos (títulos de deuda empaquetados y vendidos a inversionistas ávidos de altos rendimientos). Le siguen las quiebras, la desvalorización de las acciones, el desempleo. Es la recesión que se extiende por el mundo. Algunos ricos son tocados pero la peor parte la lleva la clase trabajadora: los endeudados con hipotecas pierden su vivienda, los despedidos se quedan sin ingresos, y los ahorros para cesantías y pensiones pierden una parte de su valor. De nuevo los gobiernos desechan la retórica del ajuste automático del sistema económico e intervienen salvando bancos con dinero de los contribuyentes, inundando la economía con crédito barato y disparando el gasto púbico a cuenta del déficit fiscal. A las economías más endeudadas de Europa (Grecia, Irlanda, España, Portugal, Italia) se les imponen tiránicas medidas de austeridad.

En 2020 nos encontramos con un contexto económico mundial de inestabilidad e incertidumbre. En todo el mundo el desempleo, el subempleo y la precarización de los salarios azotan a la población, sin perspectivas de cambio. El incremento de la productividad hace que la actividad económica y la producción crezcan mientras se estanca o disminuye la creación de puestos de trabajo. Como consecuencia la demanda global se deprime frente a una enorme capacidad productiva subutilizada. Es el terreno abonado para crisis de recesión cada vez más frecuentes y devastadoras.

Están en cuestión el sistema monetario internacional estructurado en torno al dólar estadounidense y el sistema financiero liderado por el Banco Mundial y el FMI. A los problemas económicos se añaden los de tipo social y ambiental que el sistema por su propia dinámica no va a resolver. Los más graves: el abismo de la desigualdad social y el cambio climático. La negación de estas realidades por sus responsables más director no hace sino agravar el problema.

Cobra fuerza entonces la tesis de que lo que está en crisis no es solamente el sistema económico sino todo el sistema de organización social basado en la economía de mercado y gestionada con el enfoque teórico neoliberal.

Sistema Financiero es el conjunto de instituciones que se dedican a transacciones y negocios con dinero. Administran los sistemas de pago (efectivo, cheques y transferencias electrónicas) y, a través del crédito, canalizan recursos de los agentes económicos (personas o empresas) que ahorran una parte de su ingreso, a otros agentes que gastan o invierten más de lo que reciben como ingreso corriente. Esta movilización de recursos es lo que se denomina la **intermediación financiera**

En su función de intermediación el sistema financiero realiza lo que se denomina **transformación de montos y transformación de plazos.** La transformación de montos se produce porque las entidades financieras captan montos pequeños de muchos ahorradores y prestan montos elevados para grandes proyectos. La transformación de plazos se da cuando las entidades captan a plazos cortos y prestan a plazos mucho más largos.

Estas funciones del sistema financiero son importantes para el desarrollo económico porque posibilitan realizar la inversión, que es la base del crecimiento del producto y la acumulación de capital. En la actualidad la gran mayoría de proyectos de inversión se llevan a cabo con **financiación** del capital invertido.

Pero en la sociedad actual, el capital financiero está concentrado en unas pocas gigantescas corporaciones transnacionales, dándole a sus dueños y operadores un inmenso poder. Controla buena parte de las empresas que se dedican a otras actividades, y mediante operaciones especulativas concentra cada vez más la riqueza que genera la sociedad. Y, como bien sabemos, el poder económico es la principal fuente de poder político.

El expresidente uruguayo José Mujica expresa esta realidad en los siguientes términos:
"Como si fuera poco, el capitalismo productivo, francamente productivo, está prisionero en la caja de los grandes bancos, que son en el fondo la cúspide del poder mundial". (Discurso ante la ONU en 2013).

Otra característica del sistema financiero es que, por su importancia estratégica para el funcionamiento de todo el sistema económico, es el elemento que desata las crisis económicas y es prácticamente inmune a sus consecuencias. En los países capitalistas, con el argumento de que la quiebra de una institución financiera puede paralizar el sistema económico, los gobiernos acuden al salvamento de grandes bancos con recursos del estado, socializando así las pérdidas de poderosos grupos económicos. El famoso *"too big to fail"* (demasiado grande para quebrar) es expresión del dominio del capital financiero en las decisiones económicas estratégicas.

El papa Francisco ha expresado su opinión sobre esta realidad:

"La salvación de los bancos a toda costa, haciendo pagar el precio a la población, sin la firme decisión de revisar y reformar el entero sistema, reafirma un dominio absoluto de las finanzas, que no tiene futuro..." (Encíclica Laudato Si)

EL SISTEMA FINANCIERO INTERNACIONAL

En cada país existe un **banco central** controlado por el estado, y un sistema de bancos comerciales, públicos y privados. Los bancos comerciales de los países desarrollados son gigantescos y desarrollan sus actividades en todo el mundo. Son los principales actores del sistema financiero internacional, junto con las entidades multilaterales que se describen a continuación.

Desde 1944 funciona el **Banco Mundial**, creado inicialmente con el nombre de *Banco Internacional de Reconstrucción y Fomento* (BIRF) por 47 países que fueron aliados en la Segunda Guerra Mundial.

Tenía la misión de apoyar la reconstrucción de las economías devastadas por la guerra. Actualmente se compone de varias instituciones: el BIRF, la Asociación Internacional de Fomento AIF y la Corporación Financiera Internacional IFC, entre otras, las cuales tienen como misión (expresa en sus estatutos) "apoyar el desarrollo socioeconómico y reducir la pobreza en el mundo". Tiene su sede en Washington, lo integran 188 países y es gobernado por un presidente y 25 directores nombrados por los países miembros.

El Fondo Monetario Internacional (F.M.I.)

Fue creado también en 1944 por los mismos países miembros de Banco Mundial, con la función específica de garantizar la estabilidad de sistema monetario internacional. La formulación actual de sus funciones habla de: "facilitar la expansión y el crecimiento equilibrado del comercio internacional; fomentar la estabilidad cambiaria; contribuir a establecer un sistema multilateral de pagos, infundir confianza a los países miembros poniendo a su disposición, temporalmente y las garantías, los recursos del Fondo".

En desarrollo de sus funciones, el Banco Mundial y el F.M.I tienen centros de estudio de la economía mundial y un ejército de funcionarios que recomiendan cómo deben los gobiernos manejar la economía. Aplicando políticas de orientación neoliberal, a cambio de otorgar créditos a los países que enfrentan dificultades, les exigen hacer ajustes que consisten en disminuir gastos, privatizar empresas públicas, eliminar restricciones al comercio exterior y flexibilizar leyes laborales, esto es, aplicar la receta de la teoría neoliberal. Por esta razón se han ganado un creciente desprestigio entre la población de los países en desarrollo.

Desde 1930 funciona el Banco Internacional de Pagos (BPI) con sede en Basilea (Suiza). Es una organización de bancos centrales que actúa como banco de bancos y se ocupa de temas que tienen que ver con la estabilidad del sistema financiero. Actualmente hacen parte del BPI bancos centrales de 55 países, siendo sus principales accionistas bancos centrales de Alemania, Bélgica, Francia, Italia, Estados Unidos y Reino Unido. Es una entidad privada pero su influencia en el sistema financiero es notoria. Alberga, entre otros comités y asociaciones, al Comité de Supervisión Bancaria de Basilea, cuyas normas y recomendaciones son acogidas por buena parte de los bancos en todo el mundo.

Funcionan actualmente otras importantes entidades de banca multilateral de carácter regional como son el Banco Central Europeo y el Banco Interamericano de Desarrollo. En 2013 se creó el Banco de Desarrollo de los BRICS, sigla compuesta por los nombres de los países fundadores: Brasil, Rusia, India, China y Suráfrica; y en 2017 un importante grupo de países encabezados por China, sin la participación de Estados Unidos, crearon el Banco Asiático de Inversión en Infraestructura.

Las agencias calificadoras de riesgo se han convertido últimamente en poderosos agentes del sistema financiero. Son empresas que analizan información y emiten conceptos (calificaciones) sobre la situación financiera de entes económicos, principalmente empresas y estados nacionales. Sus clientes son principalmente las entidades financieras que utilizan esta información para tomar decisiones sobre créditos o inversiones. Estas calificaciones afectan gravemente la estabilidad de las empresas o países cuando son bajas o tienen tendencias negativas porque pueden provocar retiros intempestivos de inversionistas. Y no es extraño encontrar criterios extraeconómicos en estos conceptos. En Colombia son conocidas las calificadoras norteamericanas Fitch Rating, Moodys Invertors Services y Standars and Poors, por mencionar algunos ejemplos.

A todo este conjunto de instituciones financieras multilaterales, con sus intricadas relaciones y contratos, es a lo que se da el nombre de Sistema Financiero Internacional.

EL SISTEMA FINANCIERO COLOMBIANO

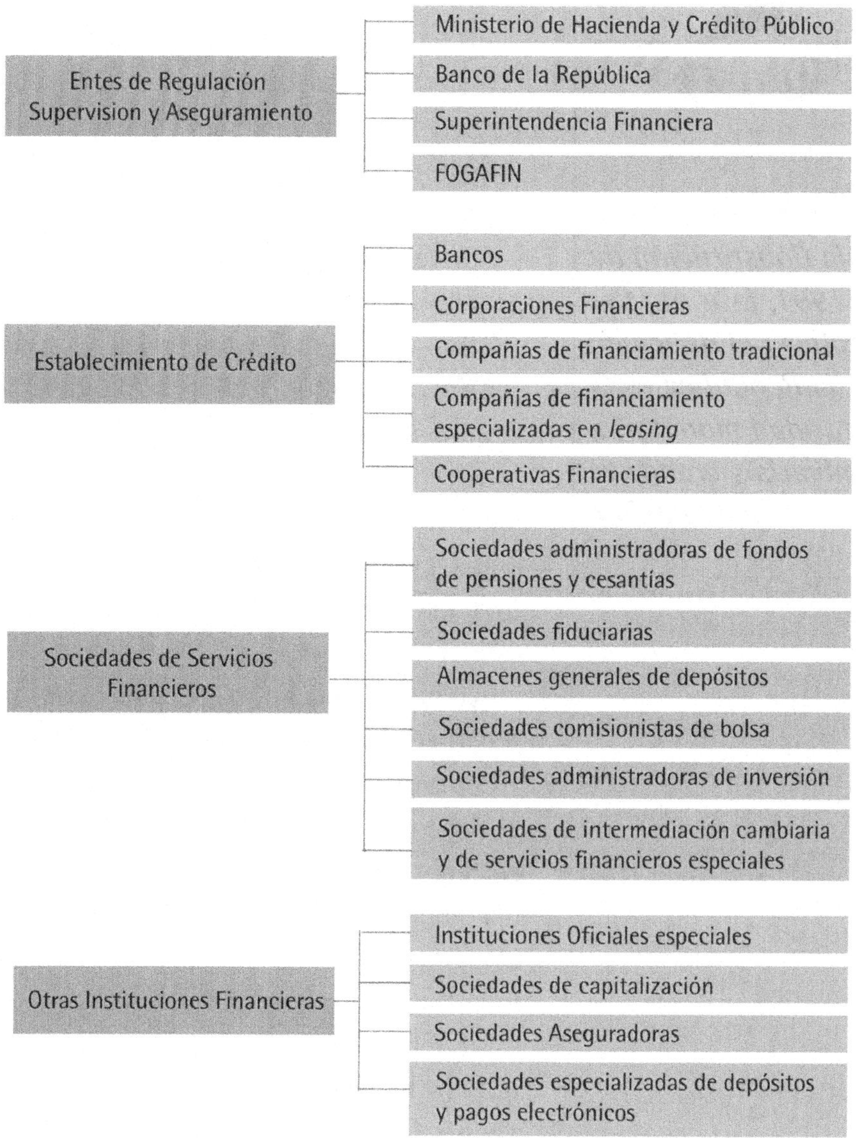

El gráfico muestra la estructura del subsector del sistema financiero colombiano que es vigilado por la Superintendencia Financiera. A continuación, una descripción de las entidades más importantes

Fuente: Banco de la République

Según lo establece la Constitución de 1991, la Junta Directiva del Banco de la República es la autoridad monetaria, cambiaria y crediticia de la nación.

El BANCO DE LA REPÚBLICA: es el Banco Central de Colombia. Emite la moneda y controla su circulación, administra las reservas internacionales del país, es prestamista de última instancia y banquero de los bancos comerciales y del gobierno. Según lo establece la Constitución de 1991, la Junta Directiva del Banco de la República es la autoridad monetaria, cambiaria y crediticia de la nación. Los miembros de la Junta Directiva y el gerente del banco son nombrados por el presidente de la república.

Como **autoridad monetaria** su principal función es mantener el poder adquisitivo de la moneda, controlando la inflación. Actualmente el Banco de la república tiene como meta de inflación en el largo plazo un 3% anual, permitiendo fluctuaciones de un punto porcentual por encima o por debajo de este valor. Es lo que se llama la inflación objetivo, y el principal instrumento para mantenerla es la tasa de interés de intervención.

Como responsable de la **política crediticia** el Banco de la República toma medidas para corregir fallas y prevenir riesgos en el sistema financiero. Puede restringir o estimular el crédito, establece las condiciones para los negocios de los bancos con títulos valores, y es el depositario de las reservas obligatorias que los bancos deben mantener en recursos líquidos conocidas con el nombre de encaje bancario. En caso de que algún banco tenga problemas transitorios de liquidez el Banco de la República le otorga créditos de corto plazo para resolver la situación.

LA SUPERINTENDENCIA FINANCIERA: es la entidad gubernamental de **vigilancia y control** del sistema financiero colombiano. Vigila a las entidades del sistema que no pertenecen al sector solidario, del cual vigila solamente a las cooperativas financieras y al banco cooperativo COOPCENTRAL. Es un organismo técnico, adscrito al ministerio de hacienda, cuya misión es preservar la confianza y estabilidad del sistema financiero y velar por el respeto a los derechos de los consumidores de productos financieros.

La normatividad que aplica la SUPERFINANCIERA tiene origen en la Unidad de Regulación Financiera del ministerio de hacienda.

EL FONDO DE GARANTÍA DE ENTIDADES FINANCIERAS FOGAFIN es también una entidad estatal y su misión es la de proteger los ahorros a través de un seguro de depósito. El **seguro de depósito** consiste en que las entidades afiliadas al fondo pagan una prima y con estos recursos el fondo devuelve parte de los ahorros a sus propietarios en caso de quiebra de alguna entidad. Actualmente (2018) el FOGAFIN paga hasta 20 millones de pesos por depositante en cada entidad financiera inscrita

ESTABLECIMIENTOS DE CRÉDITO son los bancos, las corporaciones financieras, las compañías de financiamiento comercial y las cooperativas financieras. Su función principal consiste en captar en moneda legal recursos del público a través de depósitos a la vista o a término, para prestarlos a personas naturales o jurídicas. Es decir que su actividad primordial es la **intermediación financiera.**

LAS SOCIEDADES DE SERVICIOS FINANCIEROS se especializan en administrar recursos que les son confiados por personas naturales o instituciones, para inversión productiva o para un fin específico. Dentro de este grupo de se destacan las Fiduciarias y las Administradoras de Fondos de Pensiones y Cesantías.

LA FIDUCIA es un mecanismo por medio del cual una persona natural o jurídica entrega bienes o dinero a una SOCIEDAD FIDUCIARIA para que los administre de conformidad con una determinada finalidad establecida en un contrato. Dicha finalidad puede ser en provecho del dueño de los recursos (fideicomitente) o de un tercero (beneficiario). Se utiliza este mecanismo para administrar, por ejemplo, los recursos destinados a construir un proyecto de vivienda, o el dinero que destinan entidades del estado para un propósito específico.

LAS ADMINISTRADORAS DE FONDOS DE PENSIONES Y CESANTÍAS son compañías que administran los recursos para el pago de las prestaciones sociales de los trabajadores que se afilian a estas entidades. Invierten ese dinero en el mercado financiero y de acuerdo a las ganancias que obtengan otorgan un rendimiento a sus propietarios. Si los Fondos incurren en pérdidas en sus inversiones, estas se trasladan también a los dueños de los recursos, de tal manera que lo que le devuelve un fondo al trabajador puede ser menos de lo que éste ha aportado.

LOS COMISIONISTAS DE BOLSA son los operadores del **Mercado de Capitales,** esto es: la compra-venta de títulos como acciones, bonos, títulos de deuda pública y otros, cuya finalidad es encausar recursos de ahorradores (en este caso inversionistas) hacia las empresas o entidades que emiten los papeles como forma de financiar su actividad. Al retorno de la inversión en este tipo de instrumentos se le llama **renta variable** porque depende de las fluctuaciones de precios que los papeles tengan en el mercado. Es un mercado que puede ser manipulado por expertos especuladores y ha sido el medio de acumular algunas grandes fortunas, pero también el causante de estruendosas bancarrotas.

INSTITUCIONES OFICIALES ESPECIALES son entidades estatales que otorgan crédito de fomento o con destinación específica. Actualmente existen: el Banco de Comercio Exterior BANCOLDEX, La Financiera de Desarrollo Territorial FINDETER, El Fondo Financiero Agropecuario FINAGRO, El Fondo Nacional del Ahorro, La Caja de Vivienda Militar y el ICETEX.

LAS ASEGURADORAS son entidades especializadas en la venta de seguros de todo tipo: personales, patrimoniales, de prestación de servicios. Manejan grandes cantidades de dinero con el cual participan en el mercado financiero.

LAS SOCIEDADES DE CAPITALIZACIÓN captan

ahorros mediante planes de capitalización cuyo estímulo se divide entre rendimientos porcentuales y sorteos periódicos.

Las Sociedades Especiales de Depósitos y Pagos Electrónicos (SEDPE) son entidades que captan recursos del público a través de depósitos electrónicos, y prestan servicios financieros transaccionales como pagos, transferencias, giros y recaudos. No pueden otorgar créditos ni ningún otro tipo de financiación.

El siguiente cuadro presenta información sobre la importancia de las principales instituciones en el mercado financiero colombiano, a mediados de 2015. Como podemos apreciar la participación del sector cooperativo en la actividad financiera es bastante modesta.

PARTICIPACIÓN DE LAS INSTITUCIONES EN EL MANEJO DE RECURSOS DEL SISTEMA

INSTITUCIONES	PARTICIPACIÓN
Establecimientos bancarios	42%
Aseguradoras	5%
Administradoras de fondos de pensiones y cesantías	17%
Sociedades fiduciarias y Fondos Administrados	26%
Intermediarios de valores	2%
Instituciones oficiales especiales	4%
Entidades cooperativas	4%

Fuente: Cálculos aproximados hechos por el autor con información de la SUPERFINANCIERA

LAS CENTRALES DE RIESGO

Las centrales de información o "centrales de riesgo" almacenan y comercializan datos sobre identidad, domicilio, historia crediticia, endeudamiento y capacidad económica de las personas que hacen uso de servicios financieros. Ese es su negocio y sus principales clientes son las entidades del sistema financiero que están obligadas a reportar las operaciones de sus usuarios, y a consultar la información como criterio para la prestación de servicios como el crédito. Las centrales de riesgo más conocidas en nuestro medio son DATACREDITO y la Central de Información Financiera CIFIN.

Estar reportado a una central de riesgo no es necesariamente una situación negativa. Esto es cierto solamente cuando registramos incumplimientos o atrasos en obligaciones con alguna entidad financiera o comercial. Tener un historial crediticio es incluso una referencia de apoyo en el trámite de servicios financieros.

El registro de información y la permanencia de datos negativos en las centrales de riesgo están regulados por normas que protegen el derecho a la intimidad y al buen nombre de las personas. Más adelante nos referimos a este tema.

INTERESES Y TASAS DE INTERÉS

Interés es la retribución que obtiene un ahorrador o un prestamista por ceder a otra persona o empresa su dinero durante un período de tiempo. **Tasa de interés** es el porcentaje que representa el monto del interés con relación al capital. En el mercado monetario, el interés es el **precio del dinero**

Es interés simple cuando el interés se calcula para un solo período, o para varios períodos, pero sin capitalizar los intereses. Ejemplo: un capital de $100 al 24% anual, liquidado al final del año, genera un interés de $24

Es interés compuesto cuando se liquida el interés en varios períodos y se capitaliza. Ejemplo: los mismos $100 al 24% anual, liquidando mensualmente (2% mensual) y capitalizando intereses, generan en el año un interés de $26.82

Cuando se aplica el interés compuesto aparece la diferencia entre tasa nominal y tasa efectiva. La tasa nominal es el porcentaje que se aplica para el cálculo; la tasa efectiva resulta de aplicar la tasa nominal en varios periodos capitalizando los intereses. En el ejemplo, la tasa nominal es el 2% mensual, y la efectiva anual resultante es el 26.82%.

La siguiente tabla ayuda a entender con precisión el ejemplo utilizado.

CÁLCULO DE UN INTERÉS COMPUESTO
(24% anual aplicado mensualmente)

Final de Mes	Saldo Capital	Interés del mes
1	100.00	2.00
2	102.00	2.04
3	104.04	2.08
4	106.12	2.12
5	108.24	2.16
6	110.41	2.21
7	112.62	2.25
8	114.87	2.30
9	117.17	2.34
10	119.51	2.39
11	121.90	2.44
12	124.34	2.49
TOTAL AÑO	126.82	26.82

Hay una gran variedad de formas de liquidar los intereses tanto en ahorros como en créditos: interés diario, mensual o anual, sobre períodos anticipados o períodos vencidos. Aquí nos referimos sólo a la forma más común de liquidar los intereses sobre los créditos en Colombia, que es la modalidad de mes vencido sobre saldo vigente. En esta modalidad, mediante una fórmula matemática se calcula el valor de la cuota mensual fija, a partir del monto de capital, el plazo y la tasa de interés. Con ese valor de la cuota, cada mes se pagan los intereses correspondientes calculados sobre el saldo de capital, y lo que quede se abona al capital.

La siguiente tabla muestra cómo se amortiza un crédito de $ 1.000 a 10 meses con tasa del 1% mensual.

AMORTIZACIÓN DE UN CRÉDITO CON CUOTA FIJA Y PERIODO VENCIDO

PERIODO	SALDO CAPITAL ($)	CUOTA($)	PAGO INTERÉS($)	ABONO CAPITAL($)	NUEVO SALDO($)
0					1000
1	1000	106	10	96	904
2	904	106	9	97	808
3	808	106	8	98	710
4	710	106	7	98	612
5	612	106	6	99	512
6	512	106	5	100	412
7	412	106	4	101	311
8	311	106	3	102	208
9	208	106	2	104	105
10	105	106	1	105	0

La tabla muestra cómo se amortiza un crédito de $ 1.000 a 10 meses con tasa del 1% mensual.

DETERMINANTES DE LAS TASAS DE INTERÉS

En economías de libre mercado como la nuestra, el nivel de las tasas de interés es determinado por el mercado; es decir, por el comportamiento de variables macroeconómicas como la disponibilidad de liquidez, la inflación, la dinámica del crecimiento de la producción (esto es: si la economía está en período de auge, de estancamiento o de recesión), el nivel de tasas de interés internacionales, la "opinión" de las agencias calificadores de riesgos, etc.

Hay la creencia, bastante generalizada, de que las tasas de interés son fijadas por el gobierno, lo cual no es cierto. Lo que sucede es que las autoridades monetarias intervienen para ejercer control sobre las tasas, teniendo en cuenta precisamente el comportamiento de variables como las mencionadas. Pero, con excepción de la llamada *tasa de intervención de política monetaria,* en realidad el gobierno no fija ninguna otra tasa de interés del mercado directamente.

La tasa de intervención de política monetaria es la tasa de interés que el Banco de la República le cobra a los demás bancos para prestarles dinero. Esta afecta a las tasas de interés del mercado, pero no directamente ni en la misma proporción. Las tasas de captación (las que pagan los bancos a los ahorradores) se ajustan a las variaciones de la tasa de intervención relativamente rápido. Las de colocación (las que cobran por los créditos) son menos sensibles a estas variaciones, pero en el largo plazo también siguen su tendencia.

COMPORTAMIENTO RECIENTE DE LAS TASAS DE INTERÉS

Se llama **tasa activa o tasa de colocación** la que cobran las entidades financieras sobre los créditos que otorgan, y tasa pasiva o de captación, la que pagan sobre los ahorros.

La diferencia entre la tasa activa y la tasa pasiva se llama **margen de intermediación.**

En Colombia entre los años 2012 y 2019 el margen de intermediación ha fluctuado entre 8 y 12 puntos porcentuales, resultado de una tasa de captación que fluctúa alrededor del 5% anual y una de colocación que fluctúa entre 13% y 20% anual.

Las tasas de colocación son muy diferentes, dependiendo del tipo de crédito.

El **crédito de consumo** (montos que no superen 300 salarios mínimos), usado comúnmente por las personas naturales y las pequeñas empresas, en los últimos 8 años se ha colocado a tasas promedio cercanas a 22%.

Los préstamos a través de tarjetas de crédito (también de consumo) se mantienen en niveles cercanos al límite de usura (29% anual). Para créditos por libranza podemos encontrar tasas de alrededor del 12% anual.

El **crédito comercial ordinario** (montos superiores a 300 salarios mínimos) lo utilizan clientes institucionales (empresas) de la banca, y se coloca a tasas de alrededor 12% anual.

El **crédito comercial preferencial,** de muy bajo riesgo y otorgado a clientes institucionales "especiales", reporta tasas cercanas al 8 % en los últimos años, al igual que el **crédito de tesorería** que se otorga a bancos y grandes empresas a plazos cortos de días o meses.

Las tasas del **crédito hipotecario para compra de vivienda** en los últimos años han fluctuado alrededor del 12% anual.

Y el **microcrédito,** con mucha promoción en los últimos años y dirigido a microempresas o a personas de escasos recursos, se otorga a tasas que superan el 34% anual.

En 2016 todas las tasas de interés experimentan una sensible alza como resultado de la política monetaria aplicada por el Banco de la república para controlar la inflación. En 2018 retornan de nuevo a sus niveles promedio de los últimos años.

La siguiente tabla resume las cifras mencionadas:

TASAS DE INTERÉS EN EL MERCADO FINANCIERO COLOMBIANO
(Porcentajes promedio 2012 – 2019)

PRODUCTOS/AÑOS	2012	2013	2014	2015	2016	2017	2018	2019
Ahorros a término (DTF)	5.3	4	4	4.5	6.5	6	4.5	4.3
Crédito de consumo	23	22	21	22	24	24	19	17
Por tarjeta de crédito	30	30	29	28	30	29	28	27
Comercial ordinario	13	11	11	12	15	13	11	10
Comercial preferencial	9	8	7	8	11	10	8	8
Hipotecario para vivienda	13	12	12	11	12	12	11	10
Microcrédito	36	34	36	36	38	37	34	34

Fuente: Cálculos del autor con cifras del Banco de la República.

CAPÍTULO II: COOPERATIVISMO Y COOPERATIVAS

"Nada tiene más fuerza que una idea cuando le ha llegado su hora"
(Víctor Hugo)

El cooperativismo es una gran innovación social. En esta parte presentamos una síntesis de las ideas que en 170 años de historia se han consolidado como filosofía del cooperativismo a nivel mundial. También, una breve descripción de nuestro sistema financiero cooperativo.

Las siguientes preguntas ayudan a enfocar el estudio de estos temas.

1. ¿El cooperativismo es doctrina, práctica, teoría o filosofía?
2. ¿Qué es un "acto cooperativo"
3. ¿Qué necesidades humanas se pueden satisfacer a través de una cooperativa?
4. ¿Son los valores y los principios universales del cooperativismo compatibles con el sistema de economía de mercado?
5. ¿Son las relaciones de cooperación relaciones sociales de producción?
6. ¿"Sin ánimo de lucro" significa que no se producen excedentes en las cooperativas?
7. ¿Pierden su naturaleza las cooperativas que se convierten en grandes empresas y utilizan para su expansión capital de inversionistas no asociados?

COOPERACIÓN Y COOPERATIVISMO

Cooperación es acción colectiva para lograr objetivos comunes, es trabajo en equipo, es coordinación de esfuerzos.

La cooperación es parte consustancial de la vida en comunidad. Los seres humanos cooperan por compulsión natural ante desafíos que no pueden afrontar individualmente, y voluntariamente en aplicación consciente de aprendizajes sistematizados o empíricos.

La cooperación que sirve de base al cooperativismo es consciente y voluntaria.

La cultura hegemónica de la era de la **modernidad** exalta el individualismo y la competencia, y la teoría económica capitalista valida estos valores como motores del desarrollo. Esto tiene como base el postulado teórico liberal de que la acción egoísta de los individuos conduce al mejor resultado del sistema económico, en términos de la cantidad de producto que se puede lograr. Esta creencia empieza a ser cuestionada, desde la reflexión sobre los límites del crecimiento en la actual coyuntura histórica, y con estudios teóricos que concluyen que la cooperación produce mejores resultados que la competencia, tanto para el individuo como para la colectividad (planteamiento de John Nash, premio nobel de Economía 1994, por ejemplo)

El egoísmo y el ánimo de lucro individual son valores contrarios a la cooperación. En la cooperación se conjugan la ayuda mutua y la solidaridad, valores proclamados por el movimiento cooperativo, desde sus orígenes, como pilares de su filosofía.

La solidaridad en el cooperativismo es un derecho que nace de la membresía y del aporte a una organización. Puede incluir el altruismo y la caridad, pero estos conceptos conllevan una relación inequitativa de poder entre quien da y quien recibe, que contradice el principio cooperativo de la igualdad. La solidaridad como derecho es un acto cooperativo entre iguales.

> *El cooperativismo es no solamente una alternativa de organización para satisfacer necesidades. Es una forma de vivir con valores y principios éticos. Una forma de vida que proporciona reconocimiento, seguridad, satisfacción de sentirse útil.*

El cooperativismo es la más genuina y elaborada forma de cooperación. Surge como innovación social a mediados del siglo XIX (1830 – 1850), en respuesta a los devastadores efectos del capitalismo sobre las condiciones de vida de la clase trabajadora. Con la revolución industrial el capitalismo se consolida como sistema de producción dominante y en ese proceso, en ausencia de leyes que regularan las relaciones laborales, los trabajadores eran sometidos a largas y agotadoras jornadas de trabajo, con bajas remuneraciones y en precarias condiciones de seguridad. Fue una época de gran agitación social que dio origen también al sindicalismo y el socialismo.

La creación en Inglaterra, en 1844, de la cooperativa de consumidores llamada *"Rochdale Society of Equitable Pionners"*, por un grupo de obreros asalariados, con el propósito de solucionar necesidades de sus familias mediante la ayuda mutua, es considerada en la historia como el origen del cooperativismo. Desde luego que allí no se inventó todo. Ya existían importantes antecedentes teóricos y prácticos que fueron recogidos y plasmados por los pioneros de Rochdale en los **principios** que aprobaron en su acta de fundación. Estos principios garantizaron el éxito de su experiencia y sentaron las bases para la construcción paulatina de este sistema de organización social y empresarial que sigue siendo hoy una alternativa al injusto y devastador sistema capitalista de producción.

En la actualidad, después casi 200 años de desarrollo continuo y sostenido, **el cooperativismo** es una esperanzadora realidad que comprende tres dimensiones:

1. En la realidad económica el cooperativismo es un **modelo de organización empresarial**. Es una forma de hacer empresa, de producir bienes y servicios para satisfacer las necesidades humanas y producir riqueza social.

    Lo que identifica al modelo cooperativo y lo diferencia de otros sistemas productivos es que es un sistema basado en valores y principios éticos (los principios y valores universales del cooperativismo) que proponen gestionar el desarrollo económico conscientemente y en función del ser humano.

    En una empresa cooperativa en la cual se apliquen integralmente los valores y principios (todos sus miembros son propietarios, gestores y usuarios) no hay contradicción entre capital y trabajo porque los productores directos son los propietarios de los medios de producción. Si no hay explotación de trabajo asalariado de personas no asociadas, se dan los elementos esenciales para afirmar que el cooperativismo define relaciones sociales de producción diferentes a aquellas que caracterizan al modelo capitalista, la relación salarial. En la actualidad hay cooperativas en todo el mundo, conviviendo con sistemas de producción capitalistas y socialistas. Según datos de la ACI, a nivel mundial en 2012 las cooperativas contaban con alrededor de 1.000 millones de asociados y generaron 100 millones de empleos directos. En Colombia las cooperativas asocian a algo más de 6 millones de personas y aportan alrededor del 5% del producto nacional.

2. El cooperativismo es también un importante aporte al pensamiento humanista. Podemos hablar de **doctrina, filosofía o teoría.** Es doctrina, en la medida en se refiere a un cuerpo consistente de ideas, normas, prácticas y medios para lograr determinados objetivos. Es filosofía porque es pensamiento que busca sentido de vida; porque es una propuesta ética que tiene en su base el reconocimiento del otro como igual en esencia y en derechos, y la ayuda mutua como camino a la realización humana. Y es teoría porque el conocimiento que tenemos sobre cooperativismo es resultado de investigación sistemática y metódica. Pero la doctrina cooperativa es histórica, dinámica y cambiante. Es, así, un estimulante reto para los cooperativistas estudiosos: está por elaborar una teoría económica cooperativa, una propuesta de fianzas cooperativas, y avanza la consolidación del derecho cooperativo como rama con autonomía, a partir del concepto de acto cooperativo, análogo pero diferente al concepto de acto mercantil

Un factor de éxito de los movimientos sociales es tener un discurso teórico que los oriente y los proyecte

3. Y el cooperativismo es un **Movimiento social.** Es actualmente el movimiento social más grande y duradero del mundo, con objetivos precisos, con actividades permanentes y con instituciones consolidadas. Existen en cada país, y a nivel internacional, gran cantidad de asociaciones de cooperativas. La más representativa y de mayor cubrimiento es la Alianza Cooperativa Internacional (ACI), que promueve el cooperativismo y defiende su identidad actualizando y desarrollando los principios y la doctrina. Fue fundada en Londres en 1895, y en la actualidad está presente en 94 países de los cinco continentes.

Por su carácter humanista, el movimiento cooperativo mundial ha incorporado a sus preocupaciones los grandes problemas actuales de la humanidad como son la pobreza, las desigualdades sociales, el deterioro de la diversidad cultural y la destrucción del medio ambiente. Y, por sus aportes al desarrollo social, en 2016 la Organización de Naciones Unidas para la Educación, la Ciencia y la Cultura, UNESCO, incluyó a las cooperativas en su lista de **patrimonio cultural inmaterial de la humanidad.**

LA IDENTIDAD COOPERATIVA

El cooperativismo mundial tiene una Teoría y una Ética que lo identifican. Lo esencial de esta identidad está condensada en la "Declaración Sobre Identidad Cooperativa", emitida por la Alianza Cooperativa Internacional, ACI, en su congreso mundial del año 1995, realizado en la ciudad de Manchester, Inglaterra. Dicha declaración se compone de la definición, los principios y los valores.

Cooperativas de las Américas
Un modelo empresarial sostenible y en crecimiento

La ACI fue creada en 1895 con la misión de promover el modelo cooperativo, defender su identidad y mantener actualizados los principios.

Presentamos enseguida una transcripción de la mencionada declaración de la ACI, acompañada de comentarios que tienen el propósito de interpretar dichos contenidos en nuestro contexto particular, histórico y geográfico.

La definición

"Una cooperativa es una asociación autónoma de personas que se han unido voluntariamente para satisfacer necesidades y aspiraciones económicas, sociales y culturales comunes a través de una empresa de propiedad colectiva gestionada democráticamente".

De esta definición resaltamos: 1) una cooperativa es una organización social (asociación autónoma de personas) y es también una empresa; 2) se crea para satisfacer necesidades; 3) es de propiedad colectiva; y 4) se gestiona por sus miembros mediante la aplicación de la democracia.

...El movimiento cooperativo mundial ha incorporado a sus preocupaciones los grandes problemas actuales de la humanidad como son la pobreza, las desigualdades sociales, el deterioro de la diversidad cultural y la destrucción del medio ambiente.

Los Valores Cooperativos

Sobre los valores, la declaración de la ACI expresa:

"Las cooperativas están basadas en los valores de la autoayuda, la autorresponsabilidad, la democracia, la igualdad, la equidad y la solidaridad. En la tradición de sus fundadores, los socios cooperativos hacen suyos los valores éticos de la honestidad, la transparencia, la responsabilidad y la vocación social".

Los valores cooperativos, en conjunto con los principios, constituyen una ética para un nuevo ser humano, ciudadano del mundo, consciente y solidario.

Autoayuda es esfuerzo personal para el logro de objetivos y metas. Junto con la **autorresponsabilidad**, señalan el compromiso de cada persona, como individuo, en su autorrealización y autocuidado.

Autoayuda, en colectivo, **es ayuda mutua**, sinónimo de **cooperación**, esencia y fuente del cooperativismo. Ayuda mutua es unión de esfuerzos, es acción conjunta y colaboración.

Democracia es participación de todos los miembros de una colectividad en las decisiones que tengan que ver con la misma. Es método para gobernar, para construir consensos, para gestionar organizaciones y empresas.

En el ámbito cooperativo la democracia es principio para la acción, y valor imperativo tanto para la administración de la entidad como para el actuar de los directivos y asociados.

En la vida real la democracia tiene diversos niveles de concreción, es decir que para una situación específica se puede hablar de menos o más democracia. Y con frecuencia se tiende a reducir la democracia a la celebración de elecciones y la toma de decisiones por mayoría. En las cooperativas, que se caracterizan también por los valores de igualdad, equidad y transparencia, la democracia respeta las minorías, acepta las diferencias y hace prevalecer siempre el interés general sobre intereses individuales o parciales.

En organizaciones grandes, en las cuales es necesario delegar el poder a través de procesos electorales, la calidad de la democracia depende en gran medida de que los electores voten con autonomía y con suficiente información, y que hagan seguimiento al desempeño de los elegidos. Delegatarios de poder que no sean controlados por sus electores, terminan tomando decisiones a favor de sí mismos.

Igualdad es ideal de lucha de las clases sociales subyugadas, expresado de manera explícita en los tiempos de la revolución francesa (libertad, igualdad, fraternidad). Cada ser humano es único, nadie quiere ser igual a otro y es válido que los individuos sean recompensados de acuerdo a sus esfuerzos, pero es igualmente válida la aspiración a una sociedad justa, con igualdad de todos sus integrantes frente a los derechos básicos y las oportunidades para que cada quien pueda desarrollar sus potencialidades y realizarse como persona.

Para la ética cooperativa, igualdad consiste en que los asociados tienen los mismos derechos a utilizar los servicios, a ser informados y escuchados, a participar en la toma de decisiones. Riñe con el principio de igualdad cualquier privilegio que se otorgue a directivos o administradores.

Equidad es, en general, **justicia natural.** Es dar a cada persona el trato justo que merece. Como valor cooperativo es guía genuina para responder a aspiraciones de los asociados y para la distribución de beneficios o excedentes cooperativos, teniendo en cuenta los aportes al capital social o a los ingresos de la organización.

Solidaridad es fraternidad y es preocupación por todos y cada uno de los asociados. Puede incluir conceptos como la caridad, la generosidad y el altruismo, pero en el cooperativismo la solidaridad es un derecho que nace con el vínculo asociativo, el cual implica la aceptación de los valores y principios universales. Solidaridad significa también que, en determinadas circunstancias, es necesario ceder beneficios o intereses individuales en aras del interés colectivo.

Honestidad es respeto al derecho ajeno, y es manejo honrado de los recursos de propiedad colectiva. Tiene que ver también con la buena utilización del poder delegado y con la verdad en la información sobre responsabilidades confiadas por los miembros de una organización a sus líderes. Como valor cooperativo es esencial para preservar la confianza de los asociados en su organización, en especial en sociedades en las que se ha banalizado la corrupción como medio de enriquecimiento y acceso al poder.

Es deshonestidad cualquier aprovechamiento individual de recursos colectivos o cualquier forma de engaño para conseguir ventajas frente a otros miembros con iguales derechos.

Transparencia es veracidad, claridad, franqueza. Es expresar las ideas sin ambigüedades ni reservas. Las instituciones son transparentes cuando proporcionan información sobre su funcionamiento y manejo de recursos de propiedad de colectiva de manera que sea compresible para sus destinatarios. Transparencia no es mucha información; es información útil, suficiente y pertinente.

Responsabilidad es, por excelencia, un valor ético. Y si pensamos en un ideal de libertad compatible con el concepto de cooperación, deberemos considerar los necesarios límites a la libertad individual en relación con la responsabilidad. El individuo, por estar inmerso en una comunidad, además de libre es responsable y, para aspirar a una ética que fundamente la convivencia, tendremos que aceptar que la responsabilidad antecede a la libertad.

La Igualdad entre los seres humanos es una de las utopías y grandes retos de la humanidad. En su búsqueda hay avances y retrocesos, y en la realidad socioeconómica actual predominan grandes desigualdades. Para la ética cooperativa, igualdad consiste en que los asociados tienen los mismos derechos a utilizar los servicios, a ser informados y escuchados, a participar en la toma de decisiones. Riñe con el principio de igualdad cualquier privilegio que se otorgue a directivos o administradores.

Equidad es, en general, **justicia natural**. Es dar a cada persona el trato justo que merece. Como valor cooperativo es guía genuina para responder a aspiraciones de los asociados y para la distribución de beneficios o excedentes cooperativos, teniendo en cuenta los aportes al capital social o a los ingresos de la organización.

Solidaridad es fraternidad y es preocupación por todos y cada uno de los asociados. Puede incluir conceptos como la caridad, la generosidad y el altruismo, pero en el cooperativismo la solidaridad es un derecho que nace con el vínculo asociativo, el cual implica la aceptación de los valores y principios universales. Solidaridad significa también que, en determinadas circunstancias, es necesario ceder beneficios o intereses individuales en aras del interés colectivo.

Honestidad es respeto al derecho ajeno, y es manejo honrado de los recursos de propiedad colectiva. Tiene que ver también con la buena utilización del poder delegado y con la verdad en la información sobre responsabilidades confiadas por los miembros de una organización a sus líderes. Como valor cooperativo es esencial para preservar la confianza de los asociados en su organización.

Es deshonestidad cualquier aprovechamiento individual de recursos colectivos o cualquier forma de engaño para conseguir ventajas frente a otros miembros con iguales derechos.

Transparencia es veracidad, claridad, franqueza. Es expresar las ideas sin ambigüedades ni reservas. Las instituciones son transparentes cuando proporcionan información sobre su funcionamiento y manejo de recursos de propiedad de colectiva de manera que sea compresible para sus destinatarios. Transparencia no es mucha información; es información útil, suficiente y pertinente.

Responsabilidad es, por excelencia, un valor ético. Y si pensamos en un ideal de libertad compatible con el concepto de cooperación, deberemos considerar los necesarios límites a la libertad individual en relación con la responsabilidad. El individuo, por estar inmerso en una comunidad, además de libre es responsable y, para aspirar a una ética que fundamente la convivencia, tendremos que aceptar que la responsabilidad antecede a la libertad.

Los Principios Cooperativos

Los principios cooperativos se definen como "pautas mediante las cuales las cooperativas ponen en práctica sus valores". Son directrices que señalan normas mínimas de comportamiento organizacional; es decir, pautas básicas que orientan el actuar de las organizaciones.

En nuestro medio se tiende a resaltar más los principios que los valores. Sin embargo, entendemos que la esencia de la doctrina está contenida en los valores. Si los principios son pautas, directrices o lineamientos, su fundamento filosófico está contenido en los valores.

Primer Principio. Adhesión Voluntaria y Abierta.

"Las cooperativas son organizaciones voluntarias, abiertas a todas las personas aptas para utilizar sus servicios y dispuestas a aceptar las responsabilidades en calidad de miembros, sin discriminación social, política racial, ideología religiosa o de género".

Con una buena dosis de ilusión, podemos encontrar en esta expresión dos grandes aspiraciones de la humanidad: el ideal de libertad y el derecho de toda persona a la no discriminación. En su significado más práctico establece que la decisión de afiliarse a una cooperativa, aceptando las responsabilidades que ello implica, así como la decisión de retirarse, son actos personales y voluntarios. Aceptar las responsabilidades en calidad de miembros" implica que nos afiliamos a una cooperativa no solamente para utilizar sus servicios, sino que es también para asumir responsabilidades colectivas en la determinación del destino de la misma.

Segundo Principio. Control Democrático de los Miembros

"Las cooperativas son organizaciones democráticas controladas por sus miembros quienes participan activamente en la definición de las políticas y en la toma de decisiones. Los hombres y mujeres elegidos para representar a su cooperativa responden ante todos los miembros de la misma. En las cooperativas de primer grado los miembros tienen igual derecho de voto (un miembro, un voto). Las cooperativas de otros grados también se gestionan de forma democrática".

Este principio consagra la autogestión y la democracia en las cooperativas. La membresía y el aporte que cada asociado hace a su cooperativa le otorgan calidad de propietario, usuario y gestor de la misma. El principio originario de "una persona un voto" establece una clara diferencia de las cooperativas con las sociedades de capital en las cuales la cantidad de votos a que tiene derecho un socio depende de la cantidad de capital invertido. El postulado de que los asociados elegidos para la dirección o administración "responden ante todos los miembros" es la inclusión del principio de que en los procesos electorales el poder reside en los electores y los miembros elegidos para los cargos de dirección y administración son sólo delegatarios temporales de ese poder.

Tercer Principio. La Participación Económica de los Miembros.

"Los miembros contribuyen de manera equitativa y controlan de manera democrática el capital de la cooperativa. Por lo menos una parte de ese capital es propiedad común de la cooperativa. Usualmente reciben una compensación limitada, si es que la hay, sobre el capital suscrito como condición de membresía. Los miembros asignan excedentes para cualquiera de los siguientes propósitos: el desarrollo de la cooperativa mediante la posible creación de reservas, de la cual al menos una parte debe ser indivisible; los beneficios para los miembros en proporción con sus transacciones con la cooperativa; y el apoyo a otras actividades según lo apruebe la membresía".

Este principio contiene orientaciones sobre la participación de los asociados en los beneficios de cooperativa, y sobre la distribución de excedentes. Recoge el principio original de "interés limitado al capital" como formulación de la ausencia de ánimo de lucro, que en la legislación cooperativa colombiana se materializa en la posibilidad de revalorizar los aportes hasta un porcentaje igual a la pérdida de poder adquisitivo del dinero. Otros destinos de los excedentes contemplados aquí son: la constitución de un capital propio de la entidad, no repartible individualmente, y el retorno a los asociados en proporción al uso de los servicios.

Cuarto Principio. Autonomía e Independencia.

"Las cooperativas son organizaciones autónomas de ayuda mutua, controladas por sus miembros. Si entran en acuerdos con otras organizaciones (incluyendo gobiernos) o tienen capital de fuentes externas, lo realizan en términos que aseguren el control democrático por parte de sus miembros y mantengan la autonomía de la cooperativa".

Se establece aquí la autonomía de los miembros y los administradores de las cooperativas en la toma de decisiones frente a los gobiernos, organizaciones o personas no asociadas. Hay que anotar, sin embargo, que en todos los países existen legislación y entidades gubernamentales que vigilan a las cooperativas. La autonomía se mantiene si la vigilancia estatal respeta los principios universales del cooperativismo, los cuales deben estar incorporados en los estatutos de toda cooperativa.

Quinto Principio. Educación, Entrenamiento e Información.

"Las cooperativas brindan educación y entrenamiento a sus miembros, a sus dirigentes electos, gerentes y empleados, de tal forma que contribuyan eficazmente al desarrollo de sus cooperativas. Las cooperativas informan al público en general -particularmente a jóvenes y creadores de opinión- acerca de la naturaleza y beneficios del cooperativismo".

El quinto principio ha sido calificado como "el principio de los principios cooperativos", por su transcendencia en el mantenimiento de la identidad de una empresa como cooperativa, su impacto social y su sostenibilidad en el tiempo. Un esfuerzo de Educación Cooperativa, eficaz y permanente, prepara al asociado para el cumplimiento de sus responsabilidades y el ejercicio de sus derechos, genera sentido de pertenencia, prepara a los administradores, y contribuye a posicionar el cooperativismo como modelo de organización empresarial, como doctrina y como ética para la convivencia humana. Las cooperativas auténticas son escuelas de aprendizaje de valores para la convivencia. La educación cooperativa, incluyendo la información útil y pertinente sobre la marcha de la empresa, es condición esencial de la democracia participativa y deliberativa, es un derecho de los asociados y un deber de los administradores.

Sexto Principio.
Cooperación entre
Cooperativas.

"Las cooperativas sirven a sus miembros más eficazmente y fortalecen el movimiento cooperativo, trabajando de manera conjunta por medio de estructuras locales, nacionales, regionales e internacionales".

El cooperativismo no se ha planteado la aspiración de ser un Sistema Económico, en las condiciones que lo son el capitalismo o el socialismo. Entre otras razones porque el capitalismo y el socialismo son también sistemas políticos, y el cooperativismo es, por principio, pluralista en materia de convicciones y filiaciones políticas. Pero es viable y realista aspirar a un modelo cooperativo que integre funcionalmente las diversas ramas de la producción de una economía y llegue a ser la principal forma de organizar la producción en una sociedad. Conllevaría este logro la posibilidad de transformar la cultura de la competencia, del egoísmo, del materialismo y del consumismo que sustentan el sistema de economía de mercado, hacia una cultura de coopera-

ción, de humanismo, de respeto y responsabilidad entre los seres humanos y sus organizaciones.

Séptimo Principio. Compromiso con la comunidad.

Las cooperativas trabajan para conseguir el desarrollo sostenible de sus comunidades mediante políticas aprobadas por sus miembros.

El séptimo principio incorpora al cooperativismo los grandes retos actuales de la humanidad. Porque "desarrollo sostenible" es desarrollo con inclusión y justicia social, es superación de la pobreza, es reducir la desigualdad para que todas las personas vivan dignamente y puedan realizarse, es cuidado y preservación del medio ambiente. El compromiso de las empresas cooperativas en beneficio de las comunidades del entorno crea ambientes propicios para el desarrollo de la cooperación y para el avance del modelo cooperativo. Son acciones de ayuda mutua que benefician a todos.

> *Existe un amplio consenso entre muchos actores, incluidos la ONU, la OIT, y la ACI, sobre que la empresa cooperativa es el tipo de organización idóneo para abordar la reducción de la pobreza y la exclusión.*

LA NATURALEZA COOPERATIVA

La teoría cooperativa ha venido elaborando y consolidando conceptos y principios que definen la naturaleza de las empresas cooperativas. Abordamos a continuación algunos de estos elementos, de los cuales algunos son aún objeto de debate.

Acto cooperativo, acuerdo cooperativo y estatuto

El concepto de **acto cooperativo** es análogo al de **acto mercantil,** siendo el primero una figura jurídica del derecho cooperativo y el segundo una del derecho comercial.

Son actos cooperativos los realizados entre entidades cooperativas o entre éstas y sus asociados, en desarrollo de su objeto social. El objeto social de una entidad es su misión, las actividades que desarrolla, definidas es su estatuto.

Uno de los actos cooperativos es el **acuerdo cooperativo**, siendo éste un acto voluntario de personas que se asocian para satisfacer necesidades comunes a través de una entidad solidaria reconocida como persona jurídica.

La personería jurídica se obtiene de las autoridades legalmente constituidas en cada país, ante las cuales se presenta una normatividad básica y general que se llama **el estatuto.** El otorgamiento de la personería jurídica incorpora el estatuto a la normatividad jurídica de la nación. El estatuto de una cooperativa define como mínimo los siguientes elementos:

1. Los fines, objetivos y el objeto social de la entidad.
2. Quienes son los asociados, condiciones de ingreso y de retiro.
3. El régimen económico: aportes, patrimonio y distribución de excedentes.
4. La estructura administrativa: Organismos de administración y de control.
5. Disposiciones sobre reformas al estatuto, liquidación o fusión de la entidad.

El doble carácter

Como ya hemos dicho, las cooperativas tienen la doble condición de ser, por una parte, organizaciones sociales, y por otra, empresas.

Como **organizaciones sociales** las cooperativas surgen de la asociación voluntaria de personas, se basan en el derecho de asociación y practican la ayuda mutua, la solidaridad, la educación y la democracia.

Como **empresas** las cooperativas producen bienes o servicios, para sus asociados o para satisfacer necesidades de la comunidad a través del mercado. Para su funcionamiento adoptan estructuras orgánicas similares a las de las empresas comerciales, con la especificidad de que sus órganos directivos son seleccionados mediante métodos democráticos.

En aquellas cooperativas en las que los trabajadores son asociados y propietarios de los medios de producción, desaparece la relación patrono–empleado, relación típica de las empresas capitalistas. Pero hay también empresas cooperativas que vinculan trabajadores mediante relación salarial. En este caso lo coherente con la filosofía cooperativa es que haya ambientes laborales basados en el compromiso, en el principio de equidad y en la dignidad del trabajador.

Sin ánimo de lucro

En Colombia y en muchos otros países, en la legislación correspondiente, las cooperativas son catalogadas como entidades **sin ánimo de lucro.** Creemos que esta calificación es coherente con la doctrina cooperativa, y conveniente para mantener su identidad y naturaleza.

Lucro es la ganancia o provecho económico que se obtiene en una actividad o negocio, y ánimo de lucro es la búsqueda de la ganancia en las actividades económicas. **Sin ánimo de lucro** significa, esencialmente, que cuando una persona decide asociarse a una cooperativa, comprometiéndose a hacer un aporte económico, no lo hace para participar en las ganancias en proporción al capital invertido, sino para hacer parte de una empresa de propiedad colectiva y beneficiarse de sus servicios.

Este planteamiento ha estado presente en los principios y en la doctrina cooperativa desde sus inicios. Para los pioneros de Rochdale era su cuarto principio y lo expresaron como: **"interés limitado al capital".** En los Principios Cooperativos actuales, definidos en la Declaración de Identidad de las Cooperativas en el 31 Congreso de la ACI, en 1995, el tercer principio, **"participación económica de los miembros",** contiene la idea de participación equitativa en la propiedad de la empresa, la limitación a la remuneración de los aportes económicos, y la orientación de cómo distribuir los excedentes: en el desarrollo de la cooperativa mediante la creación de reservas, en beneficios a los miembros en proporción al uso de los servicios, y en apoyo a actividades de beneficio colectivo.

En la cultura dominante, sustentada por el modelo de economía de mercado, es tan "normal" la costumbre de la ganancia, que no faltan al interior del movimiento cooperativo sustentaciones de la necesidad del estímulo económico a inversiones de capital para crecer y competir. Y por esta vía se refuerzan al interior de las cooperativas los cuestionables criterios de éxito basados en logros materiales y enriquecimiento individual. Por esto, la ausencia del ánimo de lucro como principio ético en el cooperativismo es garantía de sus valores esenciales de honestidad y transparencia.

Sin ánimo de lucro significa también que la motivación de una cooperativa no es obtener el máximo beneficio económico posible, como en las empresas capitalistas, sino que su fin primordial es satisfacer necesidades de sus asociados, o de la comunidad, a precios justos.

Pero, sin ánimo de lucro no significa, como en ocasiones se interpreta, que las empresas cooperativas no deban generen excedentes para potenciar su desarrollo.

Es importante diferenciar el concepto de excedentes del de ganancias y aplicar el primero para los resultados económicos en las empresas cooperativas. La ganancia es renta o es plusvalía. Es decir, es remuneración a los dueños del capital, o es parte del valor creado en el proceso productivo que no se retorna a sus productores directos, los trabajadores. Excedente es parte del valor creado en el proceso productivo o es un margen operativo en actividades de comercialización o de financiación, que será retornado a sus productores directos, o destinado a incrementar el capital de propiedad colectiva.

En las cooperativas de usuarios de servicios (ahorro y crédito, por ejemplo) se necesitan los excedentes para reponer la pérdida de valor de los aportes a causa de la inflación (revalorización), para acumular reservas destinadas a incrementar el patrimonio institucional y proteger los aportes, y para hacer efectivos los principios de solidaridad y educación mediante los fondos destinados a estos fines.

En contextos económicos inflacionarios revalorizar los aportes es fundamental. No hacerlo significaría que el asociado está incurriendo en un costo económico, lo cual resulta inequitativo porque no todos utilizan los servicios con la misma frecuencia o intensidad. Si no se utilizan los servicios, no es justo que se tenga que asumir un costo por el hecho de permanecer como asociado.

En las cooperativas de productores, además de las razones anteriores, los excedentes hacen posible el crecimiento, el desarrollo y la sostenibilidad de la empresa.

El capital cooperativo

Todas las empresas, incluidas las cooperativas, necesitan capital y trabajo para realizar su objeto social. Pero hay una gran diferencia en cuanto al rol que desempeña el capital en la empresa capitalista, propiedad de inversionistas, frente al que cumple en la cooperativa, propiedad de sus asociados.

En la empresa capitalista el capital invertido les da a sus dueños participación en la propiedad, en el ejercicio del poder (voto) y en las utilidades (dividendos), en proporción estricta al monto del capital invertido. Lo normal en estas organizaciones es que el poder de decisión esté en manos de unos pocos socios que tienen la mayor parte del capital, y con las acciones, que representan partes del capital de la empresa, los accionistas pueden realizar negocios especulativos.

En las cooperativas el aporte al capital social es la expresión de adhesión voluntaria a un acuerdo colectivo, y le da al asociado el carácter de propietario, gestor y usuario de los servicios. Pero el carácter de propietario no le da derecho a vender una parte de la empresa, y el carácter de gestor no depende del valor del aporte, sino que le da derecho a participar en el ejercicio del poder en la organización en igualdad de condiciones, mediante el método cooperativo de "una persona un voto". El asociado no recibe dividendos, pero obtiene el derecho a participar en la distribución de excedentes en forma de revalorización de sus aportes, retornos cooperativos por el uso de los servicios, y beneficios de solidaridad y educación.

Pero está dentro de la normalidad que las cooperativas, para crecer y alcanzar sus objetivos, necesiten hacer inversiones que superen el valor los aportes de los asociados.

¿Pueden las cooperativas utilizar fuentes de capital diferentes a los aportes de sus asociados sin perder su naturaleza?

La financiación de inversiones con crédito es la opción más inmediata disponible y no contradice los principios, menos aún si la financiación se hace a través de las instituciones financieras del sector. Hay, sin embargo, debate y diversidad de opiniones respecto a la posibilidad, o necesidad, de vincular capital de inversionistas no asociados. Es un tema que aún no está resuelto. Compartimos la perspectiva de que las cooperativas tienen el derecho de ser grandes empresas, multinacionales incluso, para incidir socialmente y jugar en las relaciones de poder, pero mantenemos nuestra convicción de que cualquier mecanismo de financiación de las necesidades de capital no puede desvirtuar la naturaleza es este tipo de organizaciones, en especial su carácter humanista (empresas centradas en las personas) y democrático. Hay propuestas al respecto, aún por sistematizar y socializar. La emisión de instrumentos financieros tipo bonos sin derecho a participación en la administración, inversiones de asociados con rendimientos financieros, la aceptación de aportes estatales para fondos de educación y bienestar social, son algunos ejemplos.

EFICIENCIA, COMPETITIVIDAD, SOSTENIBILDAD

En el contexto de la economía de mercado las cooperativas tienen que competir con las empresas de capital y, en algunos casos, con otras cooperativas. Y el movimiento cooperativo se ha fijado como meta estratégica crecer, para incidir socialmente y contribuir a transformar el modelo de desarrollo dominante hacia uno más justo y sostenible. Habrá que encontrar entonces la manera de hacer coherentes los conceptos de eficiencia y competitividad con los valores y principios universales del cooperativismo.

Los conceptos de eficiencia y competitividad en el modelo empresarial cooperativo no pueden tener las mismas connotaciones que tienen en el modelo capitalista. La eficiencia en las cooperativas tiene que entenderse como el mayor provecho que se pueda obtener de los recursos, para el cumplimiento de **los objetivos sociale**s de la organización, e incorporar en su   desempeño estrategias de sostenibilidad, remuneración digna del trabajo y respeto a la naturaleza. La competitividad, por su parte, tendrá como base el principio de integración y cooperación entre cooperativas, que descarta el canibalismo que practican las empresas capitalistas. Quedan por desarrollar cuestiones como la conveniencia de la emulación y otros estímulos que resultan de la competencia, y el papel de los mecanismos de mercado en el escenario de un sistema cooperativo operando en el entorno globalizado y oligopólico de la economía de mercado.

En las empresas cooperativas la sostenibilidad tiene tres dimensiones: económica, social y ambiental. La **sostenibilidad económica** es el compromiso de la empresa con sus propietarios, los asociados. Es la garantía de desarrollar sus actividades generando valor para mantener e incrementar el capital social. Para cada uno de los asociados, los beneficios de pertenecer a una cooperativa deben ser superiores a los costos. **La sostenibilidad social** se refiere al compromiso de las cooperativas con la comunidad local y con la sociedad en general. Es el séptimo principio, y no es beneficencia ni caridad. La realidad del mundo de hoy es la interdependencia global, por lo que la calidad de vida en cualquier parte depende de la calidad del entorno y de la suerte de la humanidad en su conjunto. Sólo, quizá, alguna minoría de individuos deshumanizados por la codicia podría encontrar satisfacción en la persistencia de lastres como la pobreza y las desigualdades sociales. **La sostenibilidad ambiental** es el compromiso de las cooperativas con el futuro de la humanidad. El compromiso de producir sin destruir, y de aportar a la reparación de los daños que ya se le han hecho a la naturaleza.

LA VENTAJA COOPERATIVA

En relación con las empresas capitalistas se ha encontrado que en su naturaleza y en sus principios las cooperativas tienen fortalezas para ser competitivas. Estas fortalezas constituyen lo que se denomina la **ventaja cooperativa** y resultan de componentes de su identidad como los siguientes:

1. En las cooperativas en las que los usuarios de los servicios son sus dueños, la gestión del mercado cuenta con las ventajas que proporcionan el sentido de pertenencia y la confianza. En épocas de crisis el factor confianza es vital en sectores sensibles como el de servicios financieros. Información disponible corrobora que en la crisis de 2008 en Europa las cooperativas resistieron mejor que los bancos comerciales.

2. La existencia de principios y valores en el cooperativismo proporciona una base ética para el diseño de políticas y para la toma decisiones, lo cual constituye una barrera de contención contra intereses individuales, contra fenómenos de corrupción y otros riesgos derivados de la codicia.

3. La gestión democrática puede ocasionar que las decisiones se tomen tiempo en discusiones y construcción de consensos, pero las decisiones colectivas resultan más prudentes y seguras. Así, para la supervivencia de las cooperativas en el largo plazo la gestión colectiva es también una ventaja.

Hay evidencia de que las empresas cooperativas son más resilientes en coyunturas de crisis. Por no tener ánimo de lucro pueden diferir pérdidas en espera de mejores condiciones económicas, y por su interés en el ser humano se resisten a despidos de trabajadores.

EL COOPERATIVISMO FINANCIERO

A mediados del siglo XIX (1840-60), paralelamente con los éxitos de los pioneros ingleses, aparece en Alemania la banca cooperativa. Con una importante labor de liderazgo reconocida a Federico Raiffeisen, se crean cooperativas de crédito de campesinos, y los llamados "Bancos Populares", que son cooperativas de artesanos y pequeños industriales de las ciudades. Y como en las demás actividades, el cooperativismo financiero se extiende por todo el mundo. Actualmente en Alemania y Francia la banca cooperativa atiende una porción importante del mercado financiero, y en Canadá uno de cada tres habitantes es asociado a una cooperativa del sector de ahorro y crédito.

En Colombia, entre 1960 y 1980 el cooperativismo vivió un período de gran auge. En el sector financiero nacen tres entidades de cubrimiento nacional: UCONAL, FINANCIACOOP y COOPDESARROLLO, que se consolidan y resisten con éxito la crisis financiera de los años ochenta, crisis que se llevó consigo a varias entidades de la banca comercial.

En la década de 1990 se produjo un crecimiento desaforado de las cooperativas financieras, y las tres instituciones de segundo grado se transformaron en bancos. El crecimiento en activos, en captaciones de ahorros y en colocaciones de crédito superó al crecimiento de las entidades financieras capitalistas y, a finales de 1993, el cooperativismo financiero abierto al público (cooperativas financieras y bancos cooperativos) representaba algo más del 10% del sector financiero colombiano.

Pero con la euforia del crecimiento, muchos dirigentes y administradores se alejaron de los principios y adoptaron prácticas propias de la empresa capitalista. Las cooperativas financieras y los bancos cooperativos entraron a competir con la banca comercial por clientes y por ahorros del público (personas, empresas privadas y entidades estatales) y, por esta vía, a participar en la burbuja financiera y en la bancarrota que llegó con la crisis económica de finales de siglo (1996 - 1999). En esta crisis desaparecieron, por quiebra, prácticamente todas las cooperativas financieras (alrededor de 50) y los bancos UCONAL y BANCOOP.

El banco COPDESARROLLO junto con las cooperativas COOPSIBATE y CUPOCREDITO se transformaron en una sociedad comercial, el MEGABANCO, que posteriormente fue adquirido por el Banco de Bogotá.

Las causas de la debacle del cooperativismo financiero de los años noventa son diversas y tienen que ver, en su mayoría, con la crisis generalizada del sistema económico, afectado gravemente por las políticas de corte neoliberal impuestas por el Banco Mundial y aplicadas con entusiasmo por el gobierno colombiano. Pero se han identificado también causas relacionadas con la administración y dirección de las cooperativas. Entidades gremiales como la ASCOOP y la CONFECOOP señalan debilidades en la formación de la dirigencia, ausencia de autocontrol y falta de integración funcional entre las entidades del sector (en: PADILLA, Martha y ATEHORTUA, Adolfo. Crisis del cooperativismo financiero en Colombia 1966-1998)

En 1998 se expide la ley 454 que introduce modificaciones sustanciales a la legislación cooperativa. Se crea la Superintendencia de la Economía Solidaria como ente gubernamental de inspección, vigilancia y control, se introduce una normatividad específica para la actividad financiera del cooperativismo y se crea el Fondo de Garantías de Entidades Cooperativas FOGACOOP. Con la dura experiencia y las nuevas medidas se inicia, en siglo XXI, la recuperación de la confianza y una nueva dinámica por parte del cooperativismo financiero.

En la actualidad (2018) hay un importante número de entidades solidarias que ejercen actividad financiera o crediticia: Los Fondos de Empleados, las cooperativas de aportes y crédito, las cooperativas multiactivas con sección de ahorro y crédito, las cooperativas especializadas de ahorro y crédito, las cooperativas financieras, el Banco Cooperativo COOPCENTRAL y dos aseguradoras: Seguros la Equidad y la Aseguradora Solidaria.

COOPCENTRAL fue creada como entidad crediticia de segundo nivel en 1964, y en 2013 se transformó en banco. Es propiedad de alrededor de 700 entidades solidarias y conserva su naturaleza de **Entidad Cooperativa**. Presta sus servicios a sus asociadas y a las demás entidades del sector solidario: cooperativas, fondos de empleados, mutuales, etc. Tiene el propósito de ser factor integrador del sector cooperativo colombiano ofreciendo los servicios financieros necesarios para la conformación de un circuito económico solidario que integre las actividades producción, comercialización y consumo que desarrollan las empresas cooperativas. Como productos de captación ofrece cuentas corrientes, depósitos a la vista, certificados de depósito a término (CDT) y cuentas de ahorro contractual. En colocaciones ofrece crédito comercial, de consumo, crédito de tesorería, microcrédito y acceso a créditos de fomento de entidades como FINDETER, FINAGRO y BANCOLDEX.

El banco BANCOOMEVA es propiedad de entidades cooperativas, la mayoría de ellas del grupo empresarial COOMEVA. Funciona con la filosofía cooperativa y sus clientes son principalmente entidades solidarias, aunque jurídicamente no es una entidad de naturaleza cooperativa. Ofrece todos los productos autorizados a los establecimientos de crédito, incluidas las cuentas corrientes.

Existen actualmente en el país cinco **Cooperativas Financieras:** C.F.A, CONFIAR, COOFINET, COTRAFA y J.F.K. La particularidad de estas cooperativas es que prestan sus servicios a personas y entidades no asociadas. Captan ahorros a través de diferentes productos, otorgan créditos en diferentes modalidades y ofrecen servicios bancarios, pero no están autorizadas a ofrecer el servicio de cuenta corriente.

Las cooperativas de ahorro y crédito y las secciones de ahorro de las cooperativas multiactivas captan ahorros a la vista y a término y realizan operaciones de crédito con sus asociados. Existen en el país alrededor de 170 entidades de este tipo las cuales asocian a cerca de 1.800.000 personas.

Las cooperativas de aportes y crédito y los fondos de empleados hacen parte también de este subsector de actividad financiera cooperativa. La diferencia con las anteriores es que no captan ahorros ni del público ni de sus asociados. Ofrecen el servicio de crédito con recursos provenientes de los aportes sociales o de endeudamiento con otras entidades.

La Superintendencia de la Economía Solidaria SUPERSOLIDARIA es la entidad gubernamental que vigila y controla a las empresas del sector de la economía solidaria. Del subsector del cooperativismo financiero vigila a los fondos de empleados y a las cooperativas que ejercen la actividad sólo con sus asociados. Al igual que la SUPERFINANCIERA, es un organismo de carácter técnico adscrito al ministerio de hacienda y crédito público. La ley 454 de 1998 se asigna a la SUPERSOLIDARIA las siguientes funciones:

1. Controlar que las entidades vigiladas cumplan las leyes y las normas contenidas en sus estatutos para proteger los intereses de los asociados y de la comunidad en general.
2. Velar por la preservación de la naturaleza cooperativa de las entidades exigiendo la prevalencia de sus valores, principios y características esenciales.
3. Vigilar la correcta utilización de los recursos y el cumplimiento del propósito no lucrativo de las entidades vigiladas.

**El Fondo de Garantías de Entidades Coo-
perativas FOGACOOP** protege los ahorros que
captan las cooperativas, mediante un **seguro de
depósito**. Las entidades afiliadas al fondo pagan
una prima y con estos recursos el fondo devuelve
parte de los ahorros a sus propietarios en caso de
quiebra de alguna entidad. A partir de 2015 el
FOGACOOP paga hasta 12 millones de pesos por
ahorrador en entidades cooperativas. La afiliación
a este mecanismo de seguro es obligatoria para
todas las entidades cooperativas autorizadas para
ejercer la actividad financiera.

CRISIS, PANDEMIA Y COOPERACIÓN

*La cooperación es el imperativo categórico de la
pospandemia.*

Como ya argumentamos, el sistema de economía de
mercado ha llegado a una situación de crisis en varios
frentes, mostrándose incapaz dar solución a necesidades esenciales de los seres humanos y controlar sus
efectos destructores que amenazan la sostenibilidad de
nuestra relación con la naturaleza.

En los siguientes puntos sintetizamos problemas crí-
ticos que enfrenta la humanidad, producto de las tendencias naturales del modo de producción capitalista y
la estructura cultural que lo sustenta.

1. **El abismo de la desigualdad social.** Algunos de los muchos datos estadísticos que se citan para ilustrar esta abrumadora realidad: Según la OXFAM, las 300 personas más ricas del mundo poseen igual riqueza que los 3.000 millones más pobres, y el 1% de los habitantes se apropian del 82% de los ingresos generados. La ONU calcula que hay más de 800 millones de personas viviendo en pobreza, y el 10% sufre desnutrición, entre ellos alrededor de 55 millones de niños. Semejante inequidad no puede ser más que chispa y combustible de conflictos sociales.

2. **El cambio climático.** El modelo actual de producción y consumo está basado en el crecimiento continuo, a un ritmo que sobrepasa la capacidad de la naturaleza para regenerarse. El resultado es el cambio climático que amenaza la vida en el planeta no solo de los seres humanos sino de la mayoría de las especies, y los esfuerzos por detener esta locura aún no dan resultados. Hay incluso individuos, políticos y organizaciones que niegan el problema. La ONU calcula que el 40% de la población tiene dificultades de acceso a agua potable, e importantes organizaciones alertan que en las próximas décadas se desatarán guerras por este vital recurso.

3. **La amenaza nuclear.** Con la desintegración de la Unión Soviética a finales del siglo pasado la amenaza de una catástrofe nuclear dejó de ser una preocupación, por lo menos a nivel de los medios de comunicación, pero la capacidad de destrucción total de la vida en el planeta se mantiene y se mejora con nueva tecnología. Y de nuevo el mundo acumula graves tensiones geopolíticas entre los países poseedores de armas atómicas que pueden ser usadas por error "accidental" o por acción deliberada de algún sociópata con poder de decisión.

4. El desarrollo tecnológico sin principios éticos. La racionalidad del sistema de libre mercado no incluye la ética dentro de sus variables de análisis. La competencia es implacable y la carrera por la productividad tiene su principal escenario en el desarrollo tecnológico, con el resultado de que no solo se excluye a una parte de la población del "mercado laboral", sino que tenemos ya la tecnología para vigilar y controlar el comportamiento de los individuos, para manipular procesos biológicos en plantas, animales y seres humanos, para desatar guerras cibernéticas contra infraestructura de servicios esenciales.

Este es el inquietante contexto en el que ataca el temible COVID-19, minúsculo monstruo que no resiste un buen baño con jabón.

La pandemia actual no es la peor que haya conocido la humanidad (por el número de muertos, p. e.), Pero la crisis económica y social que viene sí que puede llegar a ser la más devastadora y absurda de la historia: el neoliberalismo preparó las condiciones para que lo sea, desmantelando el patrimonio social administrado por el estado, entregando los servicios esenciales, entre ellos la sanidad y la atención en salud, a la voracidad de los mercados. Los ahorros de la sociedad alcanzarían, de lejos, para superar la crisis sin muertos por hambre y falta de atención médica, pero el sistema de propiedad no permite que parte de la riqueza se destine a lo urgente y prioritario. La propiedad privada es más importante que la vida.

De nuevo, la desgracia afecta con especial crudeza a la población más vulnerable. Si bien es cierto que el virus no discrimina entre ricos y pobres, el impacto de las cuarentenas y las deficiencias de la atención médica sí que lo hacen. A los millones de informales que se rebuscan el sustento día a día, la parálisis agrega el corte intempestivo de ingresos de los empleados por cuenta propia, los dueños y trabajadores de pequeñas y medianas empresas que no resisten, los empleados de empresas grandes que tienen como resistir pero son dominadas por capitalistas insensibles que suspenden los pagos de nómina. Millones de seres humanos que el idolatrado "sistema de la libertad" abandona a su propia suerte. Los ricos tienen a su disposición la tecnología y los mejores especialistas para su atención. Los pobres sufren la saturación de los sistemas de atención médica y de servicios funerarios. El "quédate en casa" suena ofensivo para quienes no la tienen.

LO QUE LA PANDEMIA PONE EN EVIDENCIA

La crisis sanitaria pone al descubierto crudas inequidades y falacias del modelo de organización basado en la economía de mercado. Resaltamos las siguientes:

1. La falacia de que a través de mecanismos de mercado se solucionan todas las necesidades humanas. El mercado crea productos o servicio que tengan demanda efectiva (capacidad de compra), pero no responde a necesidades de personas que no tengan los ingresos suficientes para cubrir los costos de producción y las ganancias. En esta crisis, si los estados no asumen, a nombre de la sociedad, los costos de prevención y tratamiento de la enfermedad, su expansión será monumental y toda la sociedad estará en riesgo, incluso quienes viven en burbujas de lujo y comodidad. Claras han

quedado las diferencias del impacto entre naciones de acuerdo al grado de control del estado sobre el sistema económico: donde la seguridad social es responsabilidad estatal, la respuesta es adecuada y equitativa; donde los servicios de salud han sido entregados al capital privado los auxilios que ofrece el estado resultan paños de agua tibia frente a las necesidades.

2. A pesar de los grandes avances científicos en el campo de la medicina y de la tecnología aplicada a la salud, los sistemas sanitarios gestionados por el mercado no están preparados para atender situaciones de contingencia colectiva. La capacidad instalada de las instituciones de salud y las farmacéuticas se administran con la racionalidad de la eficiencia y la rentabilidad. No puede haber infraestructura de reserva a costa del "lucro cesante". Fue necesario, por ejemplo, pregonar que los tapabocas eran inútiles para prevenir la propagación del COVID-19 hasta que los productores tuvieron suficiente oferta, y en el mercado de pruebas y respiradores, en lugar de actos de cooperación, se conocieron vergonzosos actos de rapiña y corrupción hasta en las más altas esferas de gobiernos y empresas privadas.

3. La dinámica del sistema de economía de mercado, movido por el deseo de lucro y la acumulación de capital, no resiste una pausa preventiva que implique pérdidas. Una drástica caída de la demanda desata crisis de recesión de magnitudes desastrosas. En las crisis económicas también hay ganadores (capitalistas y fondos buitres), pero la gran mayoría de la sociedad sufre con rigor los efectos del desempleo y la pérdida de ingresos.

4. Las crisis muestran también el **"de qué estamos hechos"** los seres humanos y los pueblos. Pero nada nuevo: del lado amable brillan los actos de hermandad, de generosidad y de solidaridad. Sin tanta estadística se puede percibir que éstos comportamientos son más frecuentes entre la gente humilde, y que muchos indiferentes hacen conciencia y se acercan a este bando. Del lado duro, se corrobora que no se detienen, ni en pandemia, la mezquindad de los corruptos, la brutalidad de los codiciosos, la irresponsabilidad de los funcionarios públicos que solo piensan en sí mismos.

5. Y la más potente lección de esta crisis es la necesidad imperiosa y vital de **la cooperación** entre los seres humanos. En el contexto mundial actual, que desde el lado de la ciencia alguien llamó la aldea global y desde la religión el papa Francisco llama la casa común, la cooperación tiene que ser global y sin exclusiones; porque los riegos de la salud y la vida se manifiestan de esa manera: global y sin exclusiones. Si las vacunas y los tratamientos no llegan a todos los habitantes del planeta, incluidos los marginados del sistema económico, el riesgo de propagación y rebrote de virus, el actual y los próximos, no estará bajo control. Si el mundo sigue aferrado al egoísmo y la competencia, las emergencias seguirán desembocando en la situación del desastroso "sálvese quien pueda" que a la larga nos castiga a todos.

¿QUÉ SIGUE?

Cierto es que cualquier afirmación sobre lo que sucederá en el futuro es especulación, pero el análisis del pasado y las tendencias presentes permiten especular con algo de acierto. La evidencia sobre las falencias del sistema productivo y su inviabilidad, por sí sola, no va a provocar un cambio de paradigma en las relaciones sociales. La propiedad privada individual, el trabajo asalariado, el lucro egoísta, la acumulación de riqueza, el consumismo y la competencia, forman la estructura cultural del sistema capitalista, y los cambios estructurales en la sociedad se producen lentamente. Es lo que enseña la historia. La estructura material y cultural de la sociedad capitalista cuenta con mecanismos de defensa y promoción institucionales: gobiernos, ejércitos, medios de comunicación, iglesias; y culturales: ideologías, creencias, ritos y costumbres.

Pero no es para afirmar que después de la crisis el mundo va a retornar a como era antes. "La misma agua no pasa dos veces bajo el mismo puente". Hay razones para el optimismo, para pensar que la conciencia crece y el cambio se acelera. En momentos difíciles la inteligencia y la dignidad humanas reactivan su capacidad de resistencia, su grandeza y creatividad para convertir las crisis en oportunidades. El reto es asumir este horizonte y proclamar que es el momento de cooperación, de la economía social y solidaria.

A continuación, acciones que pueden adelantar las cooperativas en esta coyuntura y a partir de ella, en concordancia con la su filosofía y con la mira en un modelo de organización social que supere al injusto y embaucador orden social actual.

ACCIONES COYUNTURALES

1. **Solidaridad a través del crédito.** En Colombia la mayoría de las cooperativas son de servicios financieros (aportes y crédito, ahorro y crédito o financieras). Representan alrededor del 40% de las entidades, con más del 80% de los asociados. Y los problemas de tipo económico que genera la parálisis de las empresas por el confinamiento, se genera la necesidad de poner a prueba los conceptos de solidaridad y ayuda mutua a través de mecanismos como ampliación de plazos, amnistías de intereses de mora, nuevos créditos con plazos de gracias, tasas de interés favorables, etc.

2. **Atención solidaria en salud.** La pandemia y los confinamientos generan contingencias de salud que los esquemas de seguridad social no atienden con la debida diligencia y oportunidad. A través de los fondos de solidaridad, que pueden ser fortalecidos con cargo al gasto corriente, las cooperativas atienden a sus asociados y colaboradores con ayudas que mitigan estas carencias. El frente de la salud mental, por ejemplo, es uno de los que registra mayor deterioro y desatención. Eventos virtuales de recreación y socialización no reemplazan el calor del compartir presencialmente, pero ayudan.

3. **Alfabetización en tecnología.** Los confinamientos han hecho indispensable un dominio mínimo de herramientas tecnológicas de información y comunicación y aún quedamos bastantes ejemplares de la generación anterior a la era digital. Una capacitación básica en esta materia se convierte así en objeto de la educación cooperativa.

4. **Responsabilidad social.** Un importante frente de acción es el que tiene que ver con la aplicación de la filosofía y los valores cooperativos en la atención a los colaboradores y sus familias. La ausencia de áni-

mo de lucro en las cooperativas permite mantener las nóminas y los beneficios a los trabajadores, aún a costa de disminuciones de excedentes o revelación de pérdidas en los balances. En tiempos de normalidad se hacen reservas de protección de aportes y se acumula capital institucional que permite cubrir pérdidas sin consecuencias graves.

ACCIONES DE MEDIANO Y LARGO PLAZO.

Las cooperativas y demás formas de economía solidaria tienen mucho que aportar a la construcción de un nuevo orden económico que dignifique al ser humano y disipe la amenaza de una nueva catástrofe. Los siguientes son algunos retos:

Rescate de la cooperación

Como lo hemos dicho, la ausencia de cooperación ha socavado las posibilidades de atender con mayor eficacia la situación de pandemia. Un nuevo orden económico tendrá que al menos equilibrar las relaciones de competencia con las de cooperación. Es, entonces, importante y pertinente que los líderes y militantes de la economía solidaria seamos capaces de enseñar y convencer, con el discurso pero más con el ejemplo, que otra forma de organizar la producción es posible, que se puede gestionar el sistema económico con ética y con inteligencia para ponerlo al servicio del ser humano.

Educación para la cooperación y la ciudadanía

Para la consolidación y expansión de la economía solidaria el quinto principio cooperativo es la poderosa herramienta en manos del sector. Si la apuesta es por el cambio cultural, la **educación cooperativa** tiene que ir más allá de las acciones que tradicionalmente se realizan con los recursos de los fondos de educación. Señalamos dos frentes de acción: la cultura de la cooperación y la formación de una conciencia ciudadana global.

Para la convivencia en la sociedad actual se hace necesario la construcción de una ética con principios universales aceptados por convicción. Una ética democrática enraizada en la cultura y amparada por la institucionalidad que resulte del esfuerzo de la humanidad por darse una organización sociopolítica global sostenible. Y para que un individuo pueda desarrollar virtudes sociales, tiene que estar enraizado en una comunidad donde aprenda valores y pueda convertir esos valores en hábitos y costumbres. De poco sirven las cátedras de Ética y Valores, de Educación Cívica, de Paz, de Constitución y Democracia, si el contexto social es de individualismo y competencia, y si el entorno cultural valida la acumulación de riqueza material como criterio privilegiado de éxito personal. **El cooperativismo,** regido por un cuerpo de principios y por un conjunto de valores sociales acogidos mundialmente, genera ambientes institucionales y entornos de vida cotidiana propicios para el aprendizaje y la vivencia de la democracia, la igualdad, la responsabilidad, la ayuda mutua, la solidaridad, el cuidado de sí mismo y del entorno. Es la poderosa herramienta para transformar la cultura de la competencia, hacia una cultura de la cooperación.

En el proceso de globalización, los componentes de la cultura se han quedado rezagados frente a los logros de las comunicaciones y la economía. Pero un mundo globalizado necesita una organización y una institucionalidad global respetable y respetada, con poder y fuerza para gestionar caprichos de gobernantes ególatras o naciones que se crean destinados a gobernar el mundo imponiendo sus creencias. Hasta ahora lo mejor que ha creado la humanidad para gobernar y administrar es la democracia. Se hace necesario que los seres humanos asumamos la responsabilidad de ser ciudadanos del mundo. Que superemos egoísmos y nacionalismos fanáticos, que rescatemos la política para el bien común.

Vale aquí una nota de tipo pedagógico. La democracia requiere no sólo libertad de expresión sino también competencia lingüística para que el ciudadano pueda organizar y expresar su pensamiento. El concepto de pensamiento crítico se vuelve crucial en esta perspectiva, y nuestro sistema educativo formal sigue anclado en metodologías centradas en contenidos. Se requieren esfuerzos y acciones de educación para la ciudadanía y la democracia, que además de textos escritos enseñemos a leer prensa audiovisual, cine, entretenimiento, discursos políticos y proselitismos religiosos.

Crédito con orientación transformadora

A nuestras cooperativas de servicios financieros se cuelan muchas de las prácticas empresariales de las entidades financieras capitalistas, por contagio cultural y por la necesidad de competir con ellas. Nos deslumbran los expertos en "marketing", y terminamos promoviendo el consumismo. El crédito cooperativo debiera tener una fundamentación teórica que lo oriente hacia el desarrollo de proyectos de vida conscientes, con perspectivas transformadoras. De nuevo, la importancia crítica de la educación. Para este caso específico: educación económica y financiera con enfoque solidario.

Seguridad alimentaria y desarrollo sostenible

La pandemia ha puesto en evidencia la vulnerabilidad de las naciones dependientes del exterior para la provisión de alimentos. Los individualismos se exacerbaron y las naciones cerraron sus fronteras, poniendo al orden del día los conceptos de seguridad y soberanía alimentaria.

En Colombia el potencial del sector agropecuario se mantiene capaz no solo de proporcionarnos soberanía alimentaria sino de convertirse en motor de desarrollo nacional. De las cerca de 22 millones de hectáreas aptas para uso agrícola sólo se utilizan alrededor de 5 millones, es decir menos una cuarta parte del potencial. Y contamos con ventajas derivadas de la localización del territorio en la zona tropical y de su estructura geográfica que determina variedad de climas en todos los pisos térmicos, con buena disponibilidad de agua y luz solar durante todo el año. Pero también el dato desalentador: más del 50% de la población rural, que en total son alrededor de 11 millones de personas según el censo de 2018, vive en condiciones de pobreza, atraso cultural, aislamiento, restringido acceso a mercados y a nuevas tecnologías.

Para la superación de las debilidades y el despegue hacia el desarrollo de la economía campesina, **el cooperativismo ofrece el modelo adecuado y viable.** De muchas maneras ha sido planteada la milenaria idea de que "la unión hace la fuerza", y organismos de relevancia mundial como la ONU, la OIT y la ACI reconocen la potencia del modelo cooperativo para los propósitos de erradicar la pobreza en el mundo, satisfaciendo necesidades que el sistema de economía de mercado no satisface. En el campo colombiano el cooperativismo es el modelo de organización del campesinado que hace posible transformaciones viables y necesarias como las siguientes:

La asociatividad es el camino. Para dignificar al campesino hay que cooperativizar el campo.

1. Incorporar al circuito de la economía campesina la comercialización, para lograr equidad en la participación del productor en el valor final del producto.

2. Crear economías de escala que hagan posible la incorporación de tecnología y el acceso a recursos como crédito, asistencia técnica, tierra cultivable.

3. Generar proyectos productivos con empleos dignos en renglones como agroindustria, avicultura, apicultura, piscicultura, complementarios de la actividad agrícola.

4. Incorporar etapas de agregación de valor asumiendo procesos de almacenamiento, clasificación, empaque y promoción.

5. Gestionar recursos públicos y de cooperación internacional para el fortalecimiento de la economía campesina.

6. Apoyar la ejecución de políticas públicas y programas estatales de desarrollo con enfoque territorial.

7. Reconstruir tejido social en comunidades rurales afectadas por el conflicto armado.

CAPITULO III: FINANZAS PERSONALES Y FAMILIARES

Esta sección tiene el propósito de motivar reflexiones que aporten al desarrollo de competencias para administrar con buen criterio las finanzas personales y familiares. Se sustenta en la idea de que una reflexión crítica que concluya en propósitos y metas es una buena estrategia para desarrollar hábitos en el actuar cotidiano. Con un propósito firme y perseverante los valores se transforman en actitudes y las actitudes en conductas.

Las siguientes son preguntas retadoras sobre esta temática:

1. ¿Tenemos definido un proyecto de vida con propósitos y metas que nos trasciendan y le den sentido a nuestras acciones y esfuerzos?
2. ¿Tenemos el hábito de evaluar si nuestros recursos financieros los administramos con prudencia y racionalidad?
3. ¿Cumplimos ordinariamente nuestros compromisos de ahorrar y evitar gastos innecesarios?
4. ¿Evaluamos críticamente la publicidad cotidiana de los medios de comunicación?
5. ¿Tenemos definido un criterio para evaluar nuestras prioridades de gasto?
6. ¿Podemos aportar, desde nuestra cotidianidad, a la construcción de un mundo más solidario donde el ser humano sea el centro de la economía?

DECISIONES INFORMADAS Y RESPONSABLES

"La diferencia de la vida humana con las otras formas de vida, es que tú le puedes dar, hasta cierto punto, una orientación a tu vida".

(José Mujica. Expresidente de Uruguay)

Estudios académicos sobre el comportamiento del consumidor dan cuenta de que en el ámbito de las finanzas personales o familiares las decisiones por lo general no se toman con fundamento en criterios racionales. En las decisiones de gasto influyen la publicidad, la moda, el cuidado de la imagen, y hasta factores de tipo psicológico como la necesidad de cubrir carencias afectivas con posesiones materiales. Con bastante frecuencia se encuentran argumentos como: debo tener un auto de lujo porque "la primera impresión es lo que vale" o "me compro el último aparato tecnológico porque "en la oficina ya todos lo tienen". Se toman créditos sin analizar si se cuenta con suficiente capacidad de pago, a la espera de que algo extraordinario ocurra o que algunos ajustes mínimos permitirán disponer del dinero para pagar las cuotas. En fin, las decisiones financieras se toman con información muy superficial. El reto es, entonces: **adquirir hábitos de consumo financiero informado y responsable.**

En el ámbito de la gestión empresarial la teoría recomienda que las decisiones se tomen en el marco de un **plan estratégico de desarrollo**, que contenga la definición precisa de la misión de la organización, una visión de futuro compartida por todos sus integrantes, objetivos, proyectos y metas de corto, mediano y largo plazo.

En el ámbito personal y familiar las decisiones importantes debieran, análogamente, estar ligadas a un **proyecto de vida** que tenga definiciones sobre sentido o propósito de vida, metas y proyectos. En este ámbito, el corto plazo se refiere a la vida cotidiana en días, semanas o meses. El mediano plazo se refiere al tiempo que necesita la realización de un proyecto particular como tener una vivienda, poner en marcha un negocio, realizar un viaje, terminar una carrera. El largo plazo es la vida completa de una persona.

Obviamente, un proyecto de vida no es lo mismo que el plan estratégico de una empresa. Es sólo una perspectiva, una búsqueda continua de sentido, de autenticidad y autonomía personal. Es saber a dónde se va, como individuo y como ciudadano. Saint-exupery pone en boca de su personaje, el principito:

"El mundo entero se aparta cuando ve pasar a un hombre que sabe a dónde va".

Aportes académicos y la experiencia nos remiten a tres dimensiones que se deben incluir en un proyecto de vida:
1. Una dimensión socio-afectiva que se refiere a establecer y cultivar vínculos duraderos con un núcleo familiar y un entorno social inmediato.
2. Una dimensión laboral profesional que tiene que ver con la construcción de una base económica (podríamos llamarla "autonomía financiera") y con la realización como persona productiva, útil a la sociedad.
3. Una dimensión transcendente que tiene que ver con la necesidad del ser humano de ser reconocido, de sentirse útil e importante. Esta se basa en el logro de las dos anteriores y se proyecta a la realización del ser humano como ciudadano.

Algunas claves para la toma de decisiones.

1. Las decisiones trascendentales, esto es: las que impactan nuestra vida a mediano y largo plazo, deben ser analizadas, discutidas y, en lo posible, consensuadas en el ámbito familiar. Algunas de estas definiciones pueden tardar años; lo importante es saber con qué tiempo contamos para tomarlas.

2. No es bueno tomar decisiones en situaciones de alteración emocional. En lo posible hay que aplazarlas para momentos más apropiados. Si se requiere decidir de inmediato para salir de una situación difícil imprevista, tratar de que sea una decisión provisional.

3. Los objetivos y metas de un proyecto de vida tienen que ser flexibles. Porque los entornos sociales y las cosmovisiones personales son cambiantes y pueden hacer necesarias reformulaciones totales de las metas y las perspectivas de vida.

Consumismo y Consumo Responsable

"Hay quienes pierden la salud tratando de ganar dinero y luego pierden el dinero tratando de recuperar la salud". (Dalai Lama)

Llamemos **consumismo** al consumo desaforado, a las compras compulsivas, al derroche ostentoso, a la dinámica de "compre, pruebe, deseche y compre", a la adopción del consumo como propósito principal de la existencia. Es un fenómeno cultural complejo que no cabe en una definición sencilla.

El consumismo está incentivado por los patrones culturales dominantes que relacionan el éxito personal y el prestigio con la posesión de riqueza material y por la creencia de que el dinero proporciona felicidad.

La dinámica propia de la economía de mercado fomenta el consumismo. Para crecer, las empresas capitalistas necesitan incrementar sus ventas constantemente, y de esta dinámica surgen las sofisticadas técnicas de mercadeo y publicidad que incluyen dentro de sus estrategias la creación de necesidades artificiales en los consumidores, el cambio de productos durables por desechables y el diseño de aparatos con obsolescencia programada. El mercado impone a los individuos una escala de valores basada en tener y consumir.

A nivel personal y familiar el consumismo puede ocasionar situaciones de escasez de bienes esenciales, sobre-endeudamiento, sentimientos de frustración. Los condicionantes del entorno, conjugados a veces con debilidades de tipo sicológico, resultan en estilos de vida en los que predomina la imitación, los fanatismos, la falta de identidad y autonomía.

Una persona que defina conscientemente el sentido profundo de su vida no necesita el consumismo para soslayar la necesidad innata y permanente de crecer y trascender

Pero los efectos devastadores del consumismo se manifiestan con contundencia a nivel global: el consumismo es el principal enemigo del equilibrio ecológico, es causa y efecto de la inequidad en la distribución de la riqueza, determina métodos de producción sin escrúpulos que generan contaminación y depredación de recursos naturales. Es el principal factor que hace inviable el actual modelo de desarrollo capitalista cuya supervivencia necesita crecer sin límites, en un entorno de recursos limitado. Cálculos de expertos encuentran que, si toda la humanidad alcanzara niveles de consumo similares a los de Canadá o Alemania, se necesitaría el equivalente a siete planetas tierra, en las condiciones actuales de recursos naturales y productividad, para cubrir esa demanda.

En su libro "Decir NO no basta", la periodista norteamericana Naomy Klein nos ofrece la siguiente reflexión

"... aunque este mundo de marras pueda explotar la necesidad insatisfecha de formar parte de algo más grande que nosotros, nunca puede satisfacerla de modo permanente: hacemos una compra para formar parte de una tribu, de una gran idea, de una revolución, y nos sentimos bien durante un rato, pero la satisfacción se esfuma casi antes de habernos desecho del embalaje de ese nuevo par de zapatillas, de ese último modelo de Iphone, o del sucedáneo que sea. Es la fórmula perfecta para el consumo sin fin (...) y es una catástrofe para el planeta que no puede sostener esos niveles de consumo".

Deslindarse del paradigma cultural consumista no es fácil. Tiene que ver con lo que podríamos llamar una re-significación del sentido de la vida. Se necesita conciencia, rebeldía y voluntad, e incumbe no solamente al ámbito del consumidor como individuo sino también, y principalmente, a nuestro actuar como ciudadanos de un mundo común, globalizado e interdependiente.

En el ámbito familiar, la elaboración de un presupuesto que establezca posibilidades y prioridades es una manera de planear racionalmente el uso de los ingresos. La adopción de hábitos de consumo responsable, la comprensión de las estrategias publicitarias que fomentan las compras innecesarias, el reciclaje, la reducción del consumo de materiales contaminantes, etc. Son buenos aportes a la lucha contra el cambio climático.

Pero cuidado: no es la suma de acciones individuales la solución a la tremenda amenaza del cambio climático. Una sociedad no es sólo una suma de individuos, y los individuos actúan de acuerdo a intereses diversos y contradictorios.

En el ámbito social, la promoción de principios éticos, la participación en movimientos sociales o en corrientes de pensamiento filosófico y político que propongan opciones de desarrollo sustentable, son vías de acción ante el vital reto que nos platea la situación actual del hogar común de la humanidad. Propuestas de acción como las contenidas en los conceptos de producción limpia, comercio justo, empleos verdes, empleo digno, etc. Son dignas de consideración y apoyo. Pero una solución integral y sostenible, es una solución de política mundial y está por construir. Y en esa solución las diversas formas de economía solidaria tendrán mucho que aportar. El modelo cooperativo, la más elaborada forma de economía solidaria, aportará su cuerpo de valores y principios éticos para una economía gestionada por la inteligencia y el conocimiento, con el ser humano y la naturaleza como objetivos centrales del proceso productivo.

EL PRESUPUESTO FAMILIAR

Son escasas las familias que administran sus recursos con herramientas de planeación como el presupuesto. Pero la elaboración de un presupuesto sería de gran utilidad, no sólo para el manejo racional de las finanzas familiares, sino que, en especial si se formula como trabajo de equipo, permitiría a los implicados compartir información, lograr acuerdos y evitar conflictos. Vale la pena intentarlo.

El siguiente esquema permite controlar los gastos y establecer un plan de ahorro mensual de acuerdo con algún propósito o meta.

PRESUPUESTO FAMILIAR CON PLAN DE AHORRO

CONCEPTOS \\ PERIODOS		MES 1	MES 2	MES 3
INGRESOS	Salario disponible			
	Otros mensuales			
	Otros ocasionales			
TOTAL INGRESOS				
GASTOS CORRIENTES	Vivienda			
	Alimentación			
	Servicios públicos			
	Transportes			
	Educación			
GASTOS NO CORRIENTES	Salud			
	Útiles escolares			
	Ropa y calzado			
	Cumpleaños			
	Reuniones sociales			
	Viajes			
	Imprevistos			
TOTAL GASTOS				
AHORRO				

El siguiente ejemplo, un poco más complejo, es
útil para ir controlando mes a mes la disponibilidad o falta de dinero en efectivo.

PRESUPUESTO FAMILIAR – FLUJO DE EFECTIVO

CONCEPTOS /PERIODOS	JUN	JUL	AGO	SEP	OCT	NOV	DIC
SALDO MES ANTERIOR	1.200.000	200.000	1.370.000	2.540.000	3.210.000	4.130.000	5.300.000
INGRESOS							
Salarios	2.800.000	2.800.000	2.800.000	2.800.000	2.800.000	2.800.000	2.800.000
Otros ingresos	1.400.000	500.000	500.000	500.000	500.000	500.000	3.700.000
Endeudamiento	5.500.000						
TOTAL INGRESOS	9.700.000	3.300.000	3.300.000	3.300.000	3.300.000	3.300.000	6.500.000
DISPONIBLE DEL MES	10.900.000	3.500.000	4.670.000	5.840.000	6.510.000	7.430.000	11.800.000
EGRESOS							
Alimentación	785.000	800.000	800.000	800.000	800.000	800.000	800.000
Administración	45.000	45.000	45.000	45.000	45.000	45.000	45.000
Servicios	230.000	230.000	230.000	230.000	230.000	230.000	230.000
Educación	7.800.000	300.000	300.000	300.000	300.000	300.000	7.800.000
Transporte	150.000	150.000	150.000	150.000	150.000	150.000	150.000
Vestuario	750.000			500.000			2.000.000
Salud		75.000	75.000	75.000	75.000	75.000	75.000
Recreación	710.000				250.000		100.000
Pago deudas	140.000	450.000	450.000	450.000	450.000	450.000	450.000
Imprevistos	90.000	80.000	80.000	80.000	80.000	80.000	80.000
TOTAL EGRESOS	10.700.000	2.130.000	2.130.000	2.630.000	2.380.000	2.130.000	11.730.000
SALDO MES (AHORRO)	200.000	1.370.000	2.540.000	3.210.000	4.130.000	5.300.000	70.000

EL AHORRO Y EL CRÉDITO EN LAS FINANZAS FAMILIARES

En el manejo de las finanzas personales o familiares, las decisiones de ahorrar y/o de endeudarse deberían ser el resultado de análisis conscientes sobre necesidades y propósitos, sobre opciones y posibilidades.

Pero, ¿son el ahorro y el crédito una necesidad? Si, en la medida en que algunos gastos superan el monto de los ingresos corrientes, o cuando proyectamos negocios que requieren inversión. En estos casos nos encontramos ante la necesidad de ahorrar o recurrir al crédito, y es cuando acudimos a entidades que ofrecen estos servicios.

El ahorro

La decisión de ahorrar una parte de los ingresos puede tener variedad de motivaciones. Destaquemos dos y llamémoslas: a) previsión y b) proyectos.

Ahorrar por previsión es tener en el presupuesto familiar una reserva para gastos imprevistos. Es una decisión que proporciona tranquilidad ante contingencias de salud, por ejemplo, o ante disminuciones imprevistas de los ingresos.

Ahorrar para proyectos es actuar en consecuencia de metas fijadas en nuestro proyecto de vida como hacer una carrera profesional, adquirir una vivienda, acumular recursos para el retiro laboral o hacer una inversión que genere ingresos y nos proporcione autonomía financiera.

¿Cómo ahorrar?

Ahorrar es gastar menos de lo que se gana, y cuando el ingreso a duras penas cubre las necesidades básicas cotidianas, resultan poco convincentes las campañas para promover el ahorro. Si lo asumimos como necesidad podemos pensar en las siguientes sugerencias:

1. Elaboremos nuestro presupuesto con un esquema como el sugerido anteriormente en donde separamos los gastos que son imprescindibles de los que no lo son.
2. Encontremos maneras de disminuir o eliminar gastos no imprescindibles.
3. Determinemos metas viables de ahorro diario, mensual y anual.
4. Tengamos en mente nuestro propósito de ahorro en todo momento y cumplamos nuestras metas y propósitos. Esto es: persistir, perseverar.

¿En dónde ahorrar?

En una entidad financiera capitalista el ahorro produce rendimientos para el ahorrador (intereses), ganancias para los dueños de la entidad y recursos para inversión en actividades productivas o especulativas. En una entidad cooperativa el ahorro produce rendimientos para el asociado ahorrador, posibilidades para los asociados que hacen uso del crédito, y excedentes que se distribuyen equitativamente entre todos los asociados o se destinan a causas sociales como la educación y la solidaridad. He aquí una primera elección que debemos sopesar cuando disponemos de posibilidades de ahorrar.

Y hay dos cuestiones técnicas que debiéramos considerar con buena información y con mucha responsabilidad. Son la **seguridad** y la **rentabilidad.** La seguridad tiene que ver con la certeza de que la entidad en la cual colocamos nuestro ahorro es legal, honesta y solvente para no correr el riesgo de perder los recursos; y la rentabilidad se refiere específicamente a la tasa de interés que nos ofrecen por el ahorro.

A partir de un nivel de rentabilidad que es considerado normal en el mercado, las variables seguridad y rentabilidad son antagónicas: a mayor rentabilidad menor seguridad y viceversa. En la terminología económica se dice que cuando una entidad ofrece un rendimiento demasiado alto con relación a la tasa normal, está ofreciendo una prima por el riesgo implícito. Esto es: el captador del ahorro ofrece un rendimiento adicional por la menor seguridad que puede garantizar.

Cuando la rentabilidad que nos ofrecen es extraordinaria hay que ser prudentes. Podemos jugarle a la suerte, pero no comprometer los recursos que garantizan la supervivencia o el patrimonio de la familia, o pretender solucionar problemas apremiantes con el riesgo de empeorar la situación. En todo el mundo son conocidas amargas experiencias de robos y estafas a ahorradores incautos por parte de individuos u organizaciones delincuenciales que recurren a sofisticados mecanismos de engaño como las pirámides.

Las **pirámides** aparecen de manera recurrente bajo diversas formas de negocios con apariencia legal, ofreciendo altísimos rendimientos con relación a lo que es la ganancia normal en la economía. Captan recursos y pagan los retornos ofrecidos con nuevas captaciones, pero cuando los nuevos ingresos dejan de crecer la pirámide se derrumba y los ilusos que no han recuperado su dinero lo pierden sin remedio. La constante es que unos pocos se enriquecen con el dinero de muchos.

Nuestro país es, por desgracia, terreno abonado para este tipo de engaños. La cultura del atajo, del enriquecimiento fácil, la falta de educación financiera y hasta la fe en soluciones providenciales, llevan a ciudadanos honestos a confiar en delincuentes que, ellos sí, saben cómo funciona el mecanismo. Tenemos el referente de las tristemente famosas DMG, DRFE y Costa Caribe que se llevaron consigo ahorros hechos con esfuerzo, recursos provenientes de créditos y hasta la vivienda de muchas familias.

Inversiones en título valores

Las inversiones en instrumentos financieros de renta variable (títulos valores negociables en la bolsa de valores) son una opción a considerar para colocar ahorros a largo plazo. Hay allí opciones de bajo riesgo como los títulos de deuda pública (TES), o acciones de reconocidas empresas, pero el acceso a este mercado requiere cierto grado de conocimiento específico y debe hacerse a través de un intermediario comisionista de bolsa. Las entidades financieras (bancos, Sociedades Fiduciarias) ofrecen Fondos de Inversión Colectiva (FIC), mediante los cuales reúnen recursos de varias personas, naturales o jurídicas, para invertirlos y generar rendimientos que entregan a sus dueños descontando una comisión.

La compra de vivienda es una necesidad familiar y es también una forma de inversión. En términos generales, si le sumamos al canon mensual la valorización del inmueble, las cuentas dan que es mejor estar pagando una vivienda a crédito que vivir en arriendo.

El crédito

"Si quieres conocer el valor del dinero trata de pedir prestado" (B. Franklin)

El crédito es un servicio que tiene un costo para el usuario. Por esta razón la decisión de endeudarse debe ser objeto de un responsable análisis de las necesidades y del impacto que tendrá en el presupuesto familiar destinar una parte del ingreso al pago de intereses. En ningún caso deben ser tomadas al calor de ofertas tentadoras, de promociones o de situaciones emocionales.

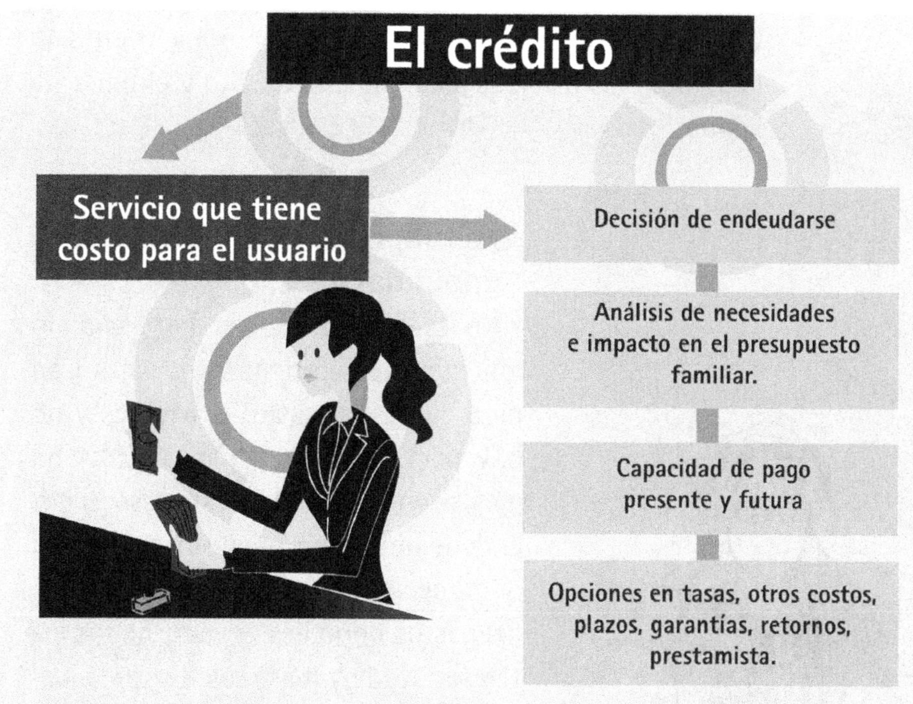

¿Cuándo es razonable endeudarse?

Tomar dinero prestado es útil y razonable en las siguientes circunstancias:

1. Cuando necesitamos financiar la adquisición de bienes de consumo duradero cuyo pago podemos diferir contra ingresos futuros. Así sucede cuando usamos crédito para adquirir vivienda, vehículo, muebles, etc. O para cubrir costos educativos.

2. Cuando se nos presentan imprevistos que es necesario cubrir rápidamente tales como pérdidas, accidentes, gastos en salud, calamidades, etc. En este caso lo que hacemos es restablecer un determinado nivel de bienestar a costa de un menor nivel de consumo mientras se amortiza el crédito.

3. Cuando decidimos deliberadamente incrementar el nivel de gasto actual ante expectativas de mayores ingresos en el futuro.

4. Cuando emprendemos negocios o hacemos inversiones que generarán los recursos para pagar el crédito y obtener utilidades.

¿Cuándo no es conveniente endeudarse?

No es prudente endeudarse cuando los ingresos corrientes no alcanzan para cubrir los gastos corrientes y no hay perspectivas de que la situación mejore en el futuro. En este caso, si nos endeudamos para financiar el gasto lo que hacemos es sumarle al monto de los gastos normales el valor de los intereses. No hay más remedio que ajustar el presupuesto. Porque además es muy difícil obtener crédito en entidades formales responsables que tienen en cuenta la capacidad de pago para aprobar los créditos.

Cuando las previsiones o expectativas fallan o nos endeudamos sin contar con los recursos para pagar las obligaciones, llegamos a la riesgosa situación de tener que incurrir en deudas para pagar otras deudas. Empezamos entonces a destinar una porción creciente de nuestros ingresos a pagar intereses, lo cual deteriora rápidamente la capacidad de consumo y el nivel de bienestar.

¿En cuánto endeudarse?

El nivel de endeudamiento razonable lo determina la capacidad de pago que depende, a su vez, de los ingresos normales o corrientes, menos los gastos corrientes y los compromisos financieros vigentes. Las entidades formales que otorgan créditos con prudencia y responsabilidad, estudian la capacidad de pago del solicitante. Pero esta capacidad puede sobrepasarse porque la información sobre el deudor es incompleta, o porque la entidad financiera asume riesgos para cumplir metas de mercado.

Cuando sobrepasamos los límites de nuestra capacidad de pago ponemos en riesgo la tranquilidad, la moral crediticia, los bienes y las amistades. Cuando un crédito entra en mora empieza a generar sobrecostos que agravan la situación cada día que pasa. Y lo peor que podemos hacer es dejar que el mismo tenga que ser cobrado por vía judicial, porque entonces se suman a la cuenta los costos del proceso. Es un riesgo que vale la pena medir y prevenir.

El crédito de vivienda

Ahorrar o endeudarse prudentemente para adquirir vivienda será siempre una buena decisión. Como acción de autoayuda y de responsabilidad, pero también desde el punto de vista económico. Como inversión de largo plazo la finca raíz ha demostrado ser segura y rentable. Aunque la actividad edificadora está, como todas las actividades económicas, sometida a ciclos y fluctuaciones, en Colombia la financiación de construcción y compra de vivienda tiene una buena reglamentación orientada a garantizar la estabilidad del mercado y prevenir la ocurrencia de burbujas inmobiliarias. No es garantía total, pero da confianza. Hay además subsidios del estado para sectores de población de ingresos bajos y medios: El subsidio para vivienda de interés social, el subsidio a la tasa de interés, por ejemplo.

Las tarjetas de crédito

Las tarjetas de crédito son el mecanismo ideal y automático para resultar sobre endeudados, o para comprar al calor de los antojos y las promociones. Y es, como hemos dicho, el crédito más caro después del microcrédito. Lo racional es usarlas sólo como medio de pago, es decir, programar sólo una cuota y pagar antes de su vencimiento haciendo uso del ingreso corriente o de otro mecanismo de crédito menos costoso.

Solvencia y capacidad de pago

La solvencia y la capacidad de pago, junto con la información sobre antecedentes (historia crediticia), son los principales criterios que tienen en cuenta las entidades financieras para otorgar créditos tanto a las personas naturales como a las empresas. **La solvencia** tiene que ver con las propiedades, el patrimonio que posee una persona, con el cual puede respaldar una obligación crediticia. **La capacidad de pago** está relacionada con el flujo de ingresos, restando de los ingresos totales los compromisos ya adquiridos y los gastos corrientes de sostenimiento. En términos generales es cierto que las entidades financieras prestan de acuerdo a la capacidad económica del solicitante. Las entidades cooperativas operan en el entorno de la economía de mercado y están obligadas a tener en cuenta criterios de otorgamiento como los mencionados para no generar problemas de morosidad o pérdidas de cartera, pero, dado que prestan servicios a sus dueños, pueden tener en cuenta el conocimiento que tienen de sus asociados y el principio de que las cooperativas se crean para satisfacer necesidades de sus miembros.

FALSAS COOPERATIVAS

Abusando de la identidad y el prestigio del cooperativismo, proliferan permanentemente negocios individuales o familiares que con el nombre de cooperativas ofrecen créditos con el único requisito de tener cupo y autorizar el descuento de nómina. Son individuos que operan en la ilegalidad, o negocios registrados como sociedades comerciales, que eluden el control de las superintendencias encargadas de vigilar la actividad crediticia. Algunos de estos estafadores ni siquiera tienen una sede física, sino que operan a través de promotores que contactan a sus víctimas en sitios de pago o de trabajo, "facilitándoles" el trámite. Obtienen la autorización del deudor para descontarle aportes, y se quedan finalmente con ese dinero porque en realidad no hay afiliación como asociado ni, mucho menos, participación en los excedentes y en la administración de la supuesta cooperativa.

La SUPERSOLIDARIA y la SUPERFINANCIERA en sus portales Web mantienen la lista de las entidades que efectivamente vigilan, para consulta del público. Es la manera de saber si una entidad que se presenta como cooperativa reúne los requisitos para ser inscrita como tal y autorizada para ejercer la actividad financiera.

LOS "GOTA A GOTA"

Caer en las garras de prestamistas usureros es una tragedia anunciada que lamentablemente se presenta con bastante frecuencia. Cuando una persona se somete a pagar interés diario por un préstamo, interés por adelantado y a tasas que sobrepasan los límites de usura establecidos por la autoridad monetaria (tasas del 3; 4; o 5% mensual), es víctima del delito de usura y de mecanismos de cobro extorsivo por individuos que operan fuera de la ley. Desde luego que lo que hay que hacer es no recurrir a estas costosas "soluciones", pero una vez atrapado habría que tener la valentía de resistirse a pagar y denunciar a quienes se lucran con estas prácticas. Reiteramos la importancia de tener un fondo para imprevistos en una cuenta de ahorros o mediante algún cupo de crédito ágil en una entidad solidaria.

LA JUBILACIÓN

Si al empezar la vida laboral pensamos en nuestro proyecto de vida a largo plazo, en él estará incluido, necesariamente, la aspiración de tener un ingreso estable para esa etapa de la vida en la que ya no vamos a trabajar; sea porque no poder hacerlo o porque queremos encarar la vida de una manera diferente: el ocio creativo, la familia, el disfrute de la belleza que contiene el mundo.

El derecho a la protección económica en la vejez es una conquista de la humanidad que se generalizó a todos los países del mundo en el siglo pasado. En Colombia hace parte del sistema de seguridad social y los recursos para las pensiones se obtienen de aportes de los trabajadores, de los empleadores y del presupuesto de la nación. Los trabajadores independientes asumen la totalidad del aporte. Hay dos regímenes diferentes que una persona puede escoger libremente para hacer los aportes y obtener su pensión.

1.   El régimen solidario de prima media: Es administrado por el estado y establece como requisitos cotizar durante 1.300 semanas y cumplir 57 años de edad si es mujer, o 62 años de edad si es hombre. Con estos requisitos mínimos se obtiene como pensión el equivalente a entre el 65 y el 75% del promedio del salario de los últimos 10 años de trabajo, dependiendo del tiempo total laborado. Es régimen solidario por que se base en los aportes de los trabajadores activos y de la sociedad en general (recursos del presupuesto) para la protección de las personas que ya aportaron su trabajo y sus cotizaciones a la riqueza social de la nación.

2.   El régimen de ahorro individual: Es administrado por los Fondos Privados de Pensiones y no establece requisitos mínimos de edad ni de semanas cotizadas, pero el monto de capital acumulado debe alcanzar para por lo menos el equivalente a un salario mínimo legal. Las cotizaciones mensuales se invierten en productos financieros que generan rendimientos (o pérdidas) que se van sumando (o restando) a los aportes, con los obligados descuentos para costos administrativos y ganancias de las entidades administradoras. Para determinar el monto de la pensión se divide el capital acumulado por un número de meses que calcula el fondo como expectativa de vida del beneficiario, teniendo en cuenta la edad a la que se pensiona, si tiene cónyuge o hijos menores, y las estadísticas sobre esperanza de vida promedio de la población.

Como el régimen de ahorro individual empezó en 1994 ya se conocen liquidaciones de pensiones, y hay mucho descontento frente a las expectativas que los promotores de los fondos les ofrecieron a los trabajadores para que ingresaran a ese régimen. Al comparar el valor de las mesadas con el que hubieran obtenido en el otro régimen, los resultados son decepcionantes. En muchos casos las diferencias son superiores al 100% a favor del régimen de prima media.

Vale recordar que el traslado de un régimen a otro es posible, pero antes de que falten no menos de 10 años para tener el derecho a la pensión en el régimen solidario de prima media. Conclusión: informarse, planear y asesorarse de expertos no interesados.

EMPLEABILIDAD Y EMPRENDIMIENTO

Para la satisfacción de las necesidades básicas y la conquista de la independencia financiera hay dos caminos: la empleabilidad y el emprendimiento.

Empleabilidad

Definamos empleabilidad como el desarrollo y mejoramiento continuo de un perfil profesional, de saberes y destrezas para desempeñarse en un empleo. Incluye: preparación académica, experiencia laboral y un esfuerzo consciente y continuo de desarrollo de competencias personales, sociales y laborales.

El objetivo de desarrollar un perfil de empleabilidad es tener la capacidad de elegir un trabajo que proporcione bienestar y satisfacción, que permita desarrollar aptitudes y potencialidades y, desde luego, asegurarnos un ingreso económico.

Las exigencias de la empleabilidad están sometidas a continuos cambios, derivados de la presión por la innovación y la competitividad en los procesos productivos de las empresas. Hasta hace unos años, en los procesos de selección de personal eran primordiales los conocimientos y el entrenamiento, elementos válidos para ambientes laborales caracterizados por estructuras jerárquicas de autoridad y procesos operativos masificados. Ahora, nuevas concepciones sobre la gestión de recursos humanos, en la teoría y en la práctica están acogiendo enfoques integrales que tienen que ver con el trabajador como ser social con emociones, con ideas, con intereses y con familia.

Es cierto que en nuestro entorno empresarial predominan aún los "organigramas" piramidales de autoridad; pero los cambios se avecinan y los criterios de selección integran ya importantes elementos de las nuevas concepciones sobre talento humano.

Las siguientes son competencias que los empleadores empiezan a tener en cuenta, más allá de los requisitos específicos de preparación académica y experiencia:

1. Disposición y habilidad para trabajar en equipo, compartir conocimientos y resolver problemas.

2. Competencias de comunicación oral y escrita. Pensamiento analítico y capacidad de argumentación.

3. Conocimientos tecnológicos y preparación para obtener, analizar y procesar información.

4. Adecuada gestión del tiempo: puntualidad, planeación, distinción entre lo urgente y lo importante.

5. Inteligencia emocional: autoconocimiento y control emocional. Autoestima, habilidades sociales y gestión de conflictos.

Estas exigencias reclaman un cambio fundamental en las prácticas educativas en todos los niveles. Y la Pedagogía ha planteado ya alternativas, enfoques y propuestas. El enfoque de desarrollo de competencias, por ejemplo, es válido y pertinente. Pero en la práctica subsisten, tozudamente, las didácticas tradicionales que privilegian la enseñanza de temas, las metodologías basadas en la transmisión de conocimientos. Mientras las cosas mejoran, con conciencia y con voluntad se puede mejorar en los aspectos de la educación integral que la academia descuida: autoconocimiento, autocontrol emocional, proyecto de vida, habilidades sociales. La Sicología reconoce que las habilidades emocionales se aprenden a cualquier edad.

Algunas sugerencias de preparación para el empleo:

1. Disponer de más de una opción profesional.
2. Preparar un discurso de presentación, optimista pero real, conformado por elementos de la historia de vida, logros y aspiraciones.
3. Demostrar conocimiento actualizado del oficio y del medio laboral. Mantener red de contactos de profesionales afines.
4. Forjar imagen sostenible de integridad personal y autencidad.

El emprendimiento

Emprendimiento empresarial es iniciar un negocio, un proyecto productivo, una empresa. Un *emprendedor* es una persona innovadora y decidida que genera ideas y toma riesgos para ponerlas en práctica. Es un optimista que entiende que los fracasos son parte del camino y del aprendizaje.

El emprendimiento ilusiona, genera esperanza, es viable, pero no es la alternativa fácil para resolver la necesidad de ocupación e ingresos. En Latinoamérica alrededor del 85% de los emprendimientos no corporativos (inversiones de grandes empresas) mueren en el transcurso de los tres primeros años. Entre otras razones porque los proyectos nuevos de poco capital enfrentan duras barreras de entrada al mercado y de acceso al crédito. Otros factores de fracaso son las deficiencias en planeación (ausencia de acertados estudios de mercado, por ejemplo), y problemas de relaciones interpersonales y liderazgo, en casos de emprendimientos que involucran a varios gestores.

En nuestro entorno cultural, individualista y lleno de desconfianzas, son más comunes los emprendimientos individuales, pero son también los que más fracasan y generan frustración. Los emprendimientos asociativos se benefician de sinergias, emulación, ideas innovadoras, economías de escala y decisiones más seguras.

El modelo cooperativo ha demostrado ser una alternativa de gestión empresarial con claras ventajas en cuanto a resultados económicos y sostenibilidad. Desde el punto de vista de impactos sociales genera empleo digno, desarrollo económico, innovación, sentido de comunidad, tejido social y democracia. Es también la alternativa que ofrece más ventajas para el emprendimiento, en situaciones en las que buenas ideas de negocio se enfrentan a las barreras de acceso al capital. Es el camino para solucionar necesidades a través de la ayuda mutua juntando pequeños aportes para constituir importantes capitales colectivos.

El emprendimiento cooperativo ofrece solución a limitaciones como el desconocimiento del mercado y la tecnología, la falta de experiencia administrativa, la aversión al riego, la desesperanza en los momentos de crisis. Es, por todo lo mencionado, el camino para que jóvenes emprendedores que no tienen capacidad económica pero sí ideas innovadoras, construyan la viabilidad de su proyecto empresarial en colaboración con otros emprendedores que los complementen.

Un negocio individual se puede iniciar quizá más rápido y con menos formalidades. Los emprendimientos asociativos requieren construir consensos, confianza y organización; pero, desde el punto de vista de la sostenibilidad, la asociatividad es el camino seguro. La sabiduría ancestral africana sentencia:

"Si quiere ir rápido vaya solo, si quiere llegar lejos hágalo acompañado".

Las siguientes observaciones (En buena medida tomadas de Harvard Business Review, "La iniciativa emprendedora") son útiles para planear emprendimientos sostenibles.

Las metas (objetivos estratégicos)

Los emprendedores crean sus empresas para alcanzar metas personales. Por tanto, al establecer las metas para la empresa, es bueno poner en claro las metas personales y examinar su coherencia. Al respecto son útiles las siguientes preguntas:

¿Nuestro deseo es obtener dinero rápido? ¿Aprovechar una oportunidad de mercado? ¿Dar salida a dotes o destrezas personales? ¿Crear una institución que trascienda lo personal y se constituya en un aporte a la familia, a la comunidad?

Un emprendimiento será más sostenible y resiliente si proporciona satisfacción a sus gestores, si está en línea con su proyecto de vida. Si los objetivos de la empresa son contradictorios con las aspiraciones de sus creadores, estos no estarán motivados a permanecer mucho tiempo aportando a su consolidación y crecimiento.

La estrategia: Tiene que ver con el destino de largo plazo de la empresa. Es la visión compartida y debe ser definida en forma clara y sencilla. A este propósito ayudan las siguientes preguntas:

¿Cuál es la ventaja competitiva? ¿El mercado es suficiente? ¿Es permanente o es coyuntural? ¿Qué impacto tendrá la evolución tecnológica en el sector? ¿Es pertinente considerar las fluctuaciones del ciclo económico? ¿Cuáles son las exigencias de recursos humanos?

El plan de negocio: Sobre cómo elaborar un plan de negocio hay guías y propuestas, con metodologías para cálculos y proyecciones. Importante no olvidar que las proyecciones financieras se nutren de mucha imaginación, y hay la tentación de hacerlas coincidir más con el entusiasmo que con la realidad.

Unas buenas preguntas ayudan a precisar:

1. Sobre el equipo humano: ¿Qué saben los gestores y colaboradores?, ¿Son personas conocidas?, ¿Qué aportarán?
2. Sobre la oportunidad: ¿Qué vender y a quién?, ¿El mercado es el grande y competido o es un nicho?,
3. Sobre el contexto: Normatividad, competencia, macroeconomía, tecnología.
4. Sobre los recursos: Evaluar con realismo la capacidad financiera. No sobran las proyecciones sencillas con diversos escenarios.

Los temas que se abordan en la cuarta parte de este libro proporcionan herramientas útiles en la administración de pequeñas y medianas empresas que son el punto de partida del emprendimiento empresarial.

PROTECCIÓN DEL CONSUMIDOR DE PRODUCTOS FINANCIEROS

LOS DERECHOS DEL USUARIO-CLIENTE

En cumplimiento de preceptos constitucionales que le ordenan al estado proteger los derechos de los ciudadanos y regular la actividad financiera, se han expedido normas y creado instituciones que protegen a los usuarios de servicios financieros. A continuación, referencias breves a esta normatividad, a manera de invitación a conocerla para utilizarla en las relaciones con las entidades financieras que en la realidad son relaciones muy desequilibradas en beneficio del más fuerte.

Ley 1328 de 2009

La ley 1328 de 2009 establece un régimen de protección al consumidor financiero. Señala derechos y deberes del consumidor y de las entidades financieras, y actualiza la normatividad sobre la figura del defensor del consumidor financiero. Apartes útiles de esta norma son los siguientes:

Derechos del consumidor

- "En desarrollo del principio de debida diligencia, los consumidores financieros tienen el derecho de recibir de parte de las entidades vigiladas productos y servicios con estándares de seguridad y calidad...".
- "Tener a su disposición información transparente, clara, veraz, oportuna y verificable, sobre las características propias de los productos o servicios ofrecidos o suministrados".
- "Presentar de manera respetuosa consultas, peticiones, solicitudes, quejas o reclamos ante la entidad vigilada, el Defensor del Consumidor Financiero, la Superintendencia Financiera de Colombia y los organismos de autorregulación".

Obligaciones de las entidades financieras

- "Suministrar información comprensible y publicidad transparente, clara, veraz, oportuna acerca de sus productos y servicios ofrecidos en el mercado".

- "Abstenerse de incurrir en conductas que conlleven abusos contractuales o de convenir cláusulas que puedan afectar el equilibrio del contrato o dar lugar a un abuso de posición dominante contractual".

- "Guardar la reserva de la información suministrada por el consumidor financiero y que tenga carácter de reservada en los términos establecidos en las normas correspondientes, sin perjuicio de su suministro a las autoridades competentes".

Defensoría del Consumidor Financiero

"Las entidades vigiladas que defina el Gobierno Nacional, deberán contar con un Defensor del Consumidor Financiero. La Defensoría del Consumidor será una institución orientada a la protección especial de los consumidores financieros, y como tal, deberá ejercer con autonomía e independencia las siguientes funciones:

- Atender de manera oportuna y efectiva a los consumidores financieros de las entidades correspondientes.
- Conocer y resolver en forma objetiva y gratuita para los consumidores, las quejas que estos le presenten, dentro de los términos y el procedimiento que se establezca para tal fin, relativas a un posible incumplimiento de la entidad vigilada de las normas legales o procedimientos internos que rigen la ejecución de los servicios o productos que ofrecen..."

Ley 1266 de 2008

Se conoce como la ley de **hábeas data** y regula el manejo de información en bases de datos o centrales de riesgo.

"Todas las personas naturales o jurídicas que intervengan en la administración de datos personales que no tengan la naturaleza de públicos están obligadas en todo tiempo a garantizar la reserva de la información, inclusive después de finalizada su relación con alguna de las labores que comprende la administración de datos, pudiendo sólo realizar suministro o comunicación de datos cuando ello corresponda al desarrollo de las actividades autorizadas en la presente ley y en los términos de la misma".

Ley 1581 de 2012

Esta ley desarrolla lo preceptuado en el artículo 15 de la Constitución sobre derecho a la intimidad y sobre el tratamiento de datos por parte de entidades que manejan bases de datos de asociados, clientes o proveedores. Establece, en especial, la privacidad de la información que las personas suministramos para efectos de acceder a algún servicio.

"Los datos personales no podrán ser obtenidos ni divulgados sin previa autorización ..."
(Ley 1581 de 2012).

"Los datos personales no podrán ser obtenidos o divulgados sin previa autorización, o en ausencia de mandato legal o judicial que releve el consentimiento".

LOS DERECHOS DEL ASOCIADO-USUARIO

En las entidades del sector cooperativo que son vigiladas por la SUPERSOLIDARIA no hay defensor del consumidor financiero. En estas organizaciones los usuarios de los servicios son propietarios y gestores de la empresa, razón por la cual, la relación entidad-usuario es más equilibrada. En su estructura administrativa tienen mecanismos de autocontrol, de atención de reclamos y de conciliación de diferencias.

En las cooperativas el organismo que atiende quejas y reclamos de los usuarios es la **Junta de Vigilancia**, y en los fondos de empleados es el **Comité de Control Social.**

Para conciliación de desacuerdos sustanciales entre un asociado, o un grupo de asociados y su cooperativa, los estatutos generalmente contemplan la conformación de instancias de conciliación o arbitraje que se denominan *"comité de última instancia"*, *"comisión de apelaciones"*, *"junta de amigables componedores"*, entre otras. Es deber de los asociados recurrir, en primer lugar, a estas instancias de autorregulación y control interno.

Pero la mejor manera de hacer valer los derechos como asociado a una cooperativa es haciendo efectivo el derecho a **la participación**. La participación equitativa, libre y democrática es de la esencia primaria del cooperativismo, tanto que está contemplada en varios de los principios. El segundo principio establece el **control democrático** de las cooperativas por sus asociados

en igualdad de condiciones (un asociado un voto); el tercer principio se
refiere a la **participación equitativa en los aportes y en los beneficios económicos** de la empresa,
y el quinto principio ordena a los
administradores proporcionar a sus
asociados **educación, capacitación
e información,** lo cual les permite
ejercer una vigilancia permanente
sobre los miembros elegidos
para la dirección, y la participación efectiva en la gestión.

El órgano de control social en las cooperativas, la Junta de vigilancia, es el garante de la
identidad cooperativa, del cumplimiento de los
principios y valores cooperativos en su entidad.
Recibirá, por tanto, las quejas y observaciones
de los asociados sobre fallas o debilidades en
la práctica de la democracia, la transparencia,
la igualdad de derechos, la equidad y la honestidad.

En cuanto a los derechos sobre hábeas data y
privacidad de la información, las cooperativas
están obligadas a cumplir las normas que re-
gulan estos temas. Igual sobre la obligación de
proporcionar información transparente, veraz,
oportuna y verificable sobre los productos que
ofrecen.

CAPITULO IV:
HERRAMIENTAS DE GESTIÓN

En esta sección explicamos conceptos y herramientas de gestión y de análisis de resultados socioeconómicos de las empresas. Su domino es útil para líderes y administradores de empresas de economía solidaria, para potenciales emprendedores, para dueños y administradores de pequeñas y medianas empresas.

Las siguientes son preguntas de introducción y motivación:

1. ¿Pueden ser compatibles la democracia y la controversia con la eficiencia en la administración de una empresa cooperativa?

2. ¿Sirven los principios cooperativos como herramientas funcionales de gestión o son apenas ideales que se trata de alcanzar?

3. ¿Es aplicable en las cooperativas el concepto de gobernabilidad?

4. ¿Cuáles son las principales herramientas para la toma de decisiones empresariales?

5. ¿Qué es y qué contiene el balance social?

GESTIÓN DE EMPRESAS COOPERATIVAS

NATURALEZA DE LA GESTIÓN COOPERATIVA

Dado que las cooperativas tienen el doble carácter de organizaciones sociales y de empresas, la gestión de una entidad de esta naturaleza necesita un gobierno y una administración operativa. En consecuencia, utilizando el término "político" con su significado noble, podemos afirmar que en las cooperativas se toman decisiones de tipo político y de tipo administrativo. Las de tipo político tienen que ver con el ejercicio del poder al interior de la organización, y las de tipo administrativo con la gestión financiera, operativa y procedimental.

Como vemos, la gestión cooperativa es más compleja y rica que la gestión de empresas de propiedad individual.

En las cooperativas las decisiones de tipo político son **decisiones colectivas.** Y para la efectividad en estas decisiones, además de método democrático, contamos con la poderosa **guía de acción** condensada en los **principios cooperativos.** La aplicación genuina de los siete principios es la manera de lograr la gobernabilidad con libertad y democracia.

Para las decisiones de tipo administrativo recurrimos a los aportes de las diversas teorías de la administración desarrolladas en la academia, sometidas al principio de que en las cooperativas el ser humano es el eje de su desarrollo y que los resultados económicos deben adecuarse a los fines sociales. Sirve, por ejemplo, el planteamiento tradicional de que el proceso administrativo comprende los componentes de **Planeación, Organización, Dirección y Control.**

Un planteamiento más familiar es el enfoque PHEA: Planear, Hacer, Evaluar y Ajustar. Más familiar porque los conceptos por sí solos señalan las actividades a desarrollar.

Lo importante es acordar y adoptar un modelo administrativo funcional, explícito y asumido por todos los integrantes de la organización, en especial, por parte de la dirigencia y el equipo operativo.

LA TOMA DE DECISIONES

Tomar decisiones es la responsabilidad básica de los líderes, directivos y administradores. El siguiente esquema de cinco etapas es útil, tanto en decisiones individuales como en decisiones colectivas.

Proceso de toma de decisiones

1. Definir, conocer y analizar el asunto o problema a resolver.
2. Plantear y evaluar las soluciones alternativas posibles.
3. Determinar de entre las opciones analizadas la mejor solución.
4. Convertir la solución elegida en acción.
5. Establecer un plan de seguimiento y evaluación de la solución implementada.

LA DEMOCRACIA EN LA GESTIÓN COOPERATIVA

"La dignidad humana no es otra cosa que la autono-mía". (Carlos Gaviria Díaz)

Desde la primera formulación de los principios coope-rativos, la democracia fue acogida como norma de go-bierno y como método para la toma de decisiones. En la versión actual de los principios, aprobada por la ACI en 1995, en el segundo principio, **"gestión democrática por parte de los asociados"**, subyace la responsabili-dad de **todos los miembros** en la fijación de las polí-ticas generales y en la elección de los administradores.

Ahora bien, así como en el ámbito de una nación la calidad de la democracia depende del nivel de partici-pación y del grado de autonomía con que participan los ciudadanos en las decisiones transcendentales, en las organizaciones cooperativas igualmente la calidad de la democracia depende del nivel de participación de los asociados, de la conciencia y autonomía con que participan.

El concepto de **autonomía** es crucial. En las coope-rativas en las que los directivos se escogen mediante procesos electorales, la autonomía de los votantes está determinada por su educación, la información que tie-nen sobre las decisiones que se toman, y la ausencia de cualquier tipo de condicionamiento o coacción. De aquí la vital importancia del quinto principio: **Educa-ción, formación e información.** La educación coope-rativa, incluyendo la información completa y transpa-rente sobre la marcha de la empresa, es un derecho de los asociados y un deber de los administradores.

Pero la democracia en las organizaciones cooperativas se refiere no solamente a decisiones estratégicas que involucran a todos los miembros, como la elección de delegados, directivos o administradores, sino que es también principio rector y método funcional para la toma de decisiones cotidianas. Y en este nivel, la práctica de una buena democracia implica:

1. La existencia de mecanismos mediante los cuales los asociados no directivos puedan informarse, expresar libremente ideas, inconformidades y sugerencias.
2. La promoción de hábitos de decisión colectiva, de debate, de logro de consensos y de trámite de diferencias y conflictos.
3. La posibilidad de la crítica respetuosa y la autocrítica permanente sobre la base de que toda obra humana es susceptible de mejoramiento y transformación.
4. Consideración especial para sectores de asociados con alguna desventaja frente a los mecanismos regulares de acceso al poder.
5. La existencia de un organismo de control social (Junta de Vigilancia) competente y con autonomía para el cumplimiento de su función.

LA GOBERNABILIDAD

El concepto de gobernabilidad se refiere a la existencia de condiciones para gobernar una organización o institución con armonía, con efectividad; sin interferencias de individuos o grupos con intereses diferentes al interés general de la colectividad. Es un concepto pertinente en las cooperativas dado su carácter de organizaciones sociales que necesitan un buen gobierno para poder desarrollar sus actividades y proyectos.

En las organizaciones cooperativas la gobernabilidad tiene que ver con:

1. **Legitimidad de la dirección.** Esto es, que los directivos sean escogidos en procesos genuinamente democráticos, de acuerdo a normas preestablecidas para el efecto.

2. **Credibilidad.** Que se obtiene cuando la información es apegada estrictamente a la verdad, de tal manera que no genere duda o incredulidad.

3. **Confianza.** Que resulta de la competencia y la honestidad de los dirigentes y administradores, y de la certeza de que los recursos son bien administrados.

4. **Participación equitativa.** Para participar en la administración es natural que se formen grupos de asociados o dirigentes con diversos planteamientos. Esto viabiliza la gobernabilidad siempre y cuando se pacte la participación de todos con una visión compartida sobre objetivos y proyectos de mediano y largo plazo.

5. **Institucionalidad**. Es de vital importancia que la prestación de los servicios, los derechos y deberes, la toma de decisiones y el control, estén materializados en normas y procedimientos documentados, implementados y controlados.

Los procesos de gestión de recursos humanos involucran relaciones de autoridad o de liderazgo, o alguna combinación de las dos. Las estrategias basadas en liderazgo, en el compromiso y trabajo en equipo son cada vez más reconocidas y acogidas, tanto en el ámbito de la teoría como en la práctica de todo tipo de organizaciones empresariales. Son estrategias motivacionales que se basan en la premisa de que todas las personas encontramos satisfacción en hacer las cosas bien, y que nos emociona positivamente participar en proyectos que nos aportan a la realización personal.

TRABAJO EN EQUIPO

El trabajo en equipo es una estrategia eficaz en procesos administrativos, de planeación por ejemplo, especialmente pertinente en las empresas de gestión colectiva. Las siguientes son características de un equipo exitoso:

1. **Empatía y confianza.**Un buen nivel de empatía entre todos los miembros es ideal para el trabajo en equipo, pero esta característica no siempre se encuentra de manera espontánea. Porque también son de la naturaleza humana los sentimientos de rechazo, displicencia o antipatía. En todo caso es indispensable desarrollar y mantener un ambiente de confianza y entendimiento para que los miembros del equipo se expresen y se escuchen con respeto y sinceridad.

2. **Visión y metas compartidas:** Los miembros de un equipo exitoso se sienten fuertemente comprometidos con la visión y las metas comunes cuando las mismas han sido definidas de manera clara y son aceptadas por todos. El compromiso genera la motivación y las sinergias, incluso para tareas duras y agotadoras

3. **Comunicación y deliberación.** Los miembros de un equipo comprometido se comunican de manera abierta y franca. Desarrollan la capacidad de escuchar y argumentar. Participan en los debates en condiciones de igualdad. La confrontación de ideas y puntos de vista diferentes constituyen una estrategia sana y productiva. Los conflictos se resuelven mediante estrategias de negociación, sin vencedores ni vencidos.

4. **Consenso y compromiso** Con metas y objetivos claros y compartidos las decisiones se pueden tomar por consenso, sin descartar la posibilidad de que algunas diferencias se mantengan en estudio y consideración. Una vez tomada las decisiones, todos los miembros se comprometen con su implementación sin reservas ni resentimientos.

5. **Retos, aporte individual y cooperación** El trabajo en equipo también necesita estímulos, retos y emulación.

Incluye valorar las aptitudes individuales, estimularlas y ponerlas al servicio de los objetivos comunes. Hay situaciones en las que es apropiado desarrollar tareas individualmente; para hacer aportes desde distintos frentes profesionales, por ejemplo.

6. **Liderazgo compartido** Los equipos de trabajo necesitan liderazgo. En las sesiones de trabajo, el papel de líder puede rotarse para crecer en experiencias y propiciar el desarrollo personal.

7. **Evaluación y crecimiento continuo** El equipo evalúa su propia efectividad y desempeño. Acepta los desaciertos, determina las causas y aplica correctivos. Concibe el error como oportunidad de aprendizaje.

LIDERAZGO

Muchas definiciones podríamos encontrar del concepto líder. Mencionemos sólo una:

"Los líderes son personas capaces de convocar y cooperar para buscar propósitos comunes".

Y reflexionemos sobre algunos de los rasgos de la personalidad de un líder, en términos de valores y competencias, de la mano del sicólogo Daniel Coleman, en su obra "La inteligencia emocional en la empresa".

VALORES

Un buen líder es una persona íntegra, auténtica y generosa.

Integridad es un concepto que recoge valores como honestidad, respeto, lealtad, responsabilidad, disciplina, coherencia y firmeza en las acciones. Una persona íntegra es alguien en quien se puede confiar plenamente.

Autenticidad es sinceridad, es coherencia entre lo que se piensa, lo que se expresa y se hace. Es actuar de buena fe. La autenticidad permite interactuar con otros sin esconder pensamientos o emociones, aceptar errores y corregirlos sin sentirse lastimado.

Generosidad es capacidad de servir sin esperar recompensa diferente a la satisfacción de sentirse útil. Es compartir conocimientos y habilidades con las personas del entorno.

COMPETENCIAS

Competencia es capacidad para actuar de manera eficiente en una determinada situación. Son aptitudes personales y sociales.

Los líderes son competentes en aspectos como los siguientes:

Comunicación efectiva. Es expresar en forma clara, sencilla y convincente las ideas, opiniones o instrucciones. Pero también, y quizá más importante, saber escuchar y tomar en cuenta el pensamiento y las opiniones de los otros.

Pensamiento estratégico es pensar conectado a un fin o propósito, y en la perspectiva de la organización como un todo. Requiere intuición, lógica, capacidad de síntesis y conocimiento. El pensamiento estratégico es también pensamiento flexible, porque el contexto, los recursos y los objetivos estratégicos están sujetos a cambios.

Innovación y adaptabilidad. Como competencia, actitud innovadora es confianza en uno mismo, iniciativa, persistencia y persuasión. Un líder está pendiente de los cambios tecnológicos, de nuevas ideas y mejores formas de realizar las actividades que lidera. Está dispuesto a aprender, desaprender y reaprender, y asume riesgos creativos que puede controlar.

Gestión de conflictos. Un líder es un conciliador. Se conoce a sí mismo y conoce los puntos sensibles de los otros. Controla sus emociones y conoce estrategias de gestión del conflicto.

LOS LÍDERES SE HACEN

Hay personas que nacen dotadas de facilidad para desarrollar competencias de liderazgo de manera espontánea; pero los líderes se también se hacen por decisión y convicción, ante los retos y las necesidades del desarrollo personal por responsabilidades que asumen en actividades relacionadas con dirección de equipos humanos. En cualquier caso, los valores y las competencias de liderazgo se aprenden si se estudian, se adoptan y se practican con voluntad y determinación.

"Ningún viento es favorable para quien no sabe a dónde va" (SENECA)

Planear, o planificar, es prever, con la mayor probabilidad posible de acierto, la situación que tendremos en un futuro partiendo de las decisiones que tomemos hoy. Es adoptar políticas generales, objetivos, proyectos, metas y planes de acción para tener una guía general para el actuar cotidiano.

Un Plan Estratégico de Desarrollo es un documento en el cual una organización tiene descritos sus objetivos de largo plazo, sus políticas generales, sus proyectos, sus planes de acción y programas para un periodo de tiempo determinado.

En las organizaciones gestionadas democráticamente como es el caso de las empresas cooperativas, el Plan Estratégico contiene la **visión compartida** de sus asociados y administradores. Por esta razón es importante que todos participen en su formulación. Los estatutos de estas organizaciones contemplan como función de la asamblea general (de asociados o de delegados), la fijación de las políticas generales de la entidad. Pues bien, las políticas generales son la columna vertebral del Plan Estratégico, y son responsabilidad de la autoridad máxima de las cooperativas, la asamblea general.

Aquí diferenciamos la Planeación Estratégica de la Planeación Operativa. El Plan Estratégico tiene una visión de largo plazo y es el marco general para la formulación de planes operativos periódicos (anuales). El Plan Operativo se refiere detalladamente a la ejecución de los planes, programas y proyectos del Plan Estratégico.

Contenido de un plan estratégico.

Se presenta a continuación una guía, indicativa, de los contenidos de un plan estratégico para una empresa ya establecida. Cada caso concreto requerirá de adaptaciones, según las condiciones específicas de la organización y las aspiraciones de sus propietarios, líderes y administradores.

1.   CARACTERIZACIÓN INSTITUCIONAL
1.1.   Misión
1.2.   Visión
1.3.   Valores corporativos o institucionales
1.4.   Descripción de recursos humanos, físicos y financieros.

2.   DIAGNOSTICO CUALITATIVO
2.1.   Diagnóstico interno (Fortalezas y Debilidades)
2.2.   Análisis del entorno (Oportunidades y Amenazas)

3.   ESTRATEGIAS
3.1.   Estrategia de Recursos Humanos
3.2.   Estrategia de Procesos Internos
3.3.   Estrategia comercial
3.4.   Estrategia Financiera
3.5.   Estrategia de Gestión de Riesgos

4.   EVALUACIÓN Y AJUSTES DEL PLAN ESTRATÉGICO.

La misión es la razón de ser de la institución. Se compone de las actividades misionales, el objeto social, de la organización. Su formulación, breve y precisa, es la respuesta a la pregunta: ¿qué hacemos?

La visión sintetiza el ideal que se pretende alcanzar. Su formulación se orienta respondiendo a la pregunta: ¿qué queremos llegar a ser?

Con una visión **compartida** por todos los estamentos de la organización se puede lograr compromiso y deseo de superación. Un equipo humano comprometido con una visión concreta y viable, puede trabajar por convicción en lugar de hacerlo por obediencia.

Los valores corporativos o institucionales son la oferta de valor identificadora de la entidad. Por lo general se encuentran formulados en los estatutos o documentos fundacionales. En el proceso de planeación se revisan, se actualizan y se complementan.

Como insumos para la planeación estratégica es importante contar con documentos que describan y evalúen la disponibilidad de recursos humanos y materiales, información estadística de un periodo de al menos 5 años, e informes sobre el plan estratégico anterior, políticas, proyectos y programas en marcha.

EL DIAGNOSTICO CUALITATIVO

Es un ejercicio colectivo de reflexión y evaluación de la institución y su entorno. Para este propósito de cuenta con la herramienta metodológica conocida como matriz FODA, cuyo esquema se muestra enseguida. En el ámbito interno se evalúan fortalezas y debilidades, y en el entorno se encuentran oportunidades y amenazas.

FORTALEZAS	OPORTUNIDADES
Potencialidades acumuladas, logros destacables, calidad de los activos (tangibles e intangibles) y características de los recursos humanos. Capacidad de producción disponible.	Programas o proyectos disponibles en el entorno en los que puede participar la organización, demandas insatisfechas, normatividad favorable, ofertas de nuevos negocios, avances tecnológicos disponibles
DEBILIDADES	**AMENAZAS**
Problemas que se presentan, riesgos, carencias, atrasos en productividad, falta de competitividad.	Tendencias desfavorables en el sector o subsector de actividad de la organización, normatividad nueva desfavorable, competencia desleal.

LAS ESTRATEGIAS

Del análisis FODA resultan estrategias, para: 1) consolidar fortalezas 2) superar las debilidades, 3) aprovechar las oportunidades y 4) para contrarrestar o gestionar las amenazas.

Para cada una de las estrategias se establecen objetivos, acciones, metas e indicadores de logro. Adelante se propone un esquema para presentar estos elementos en una síntesis que podemos llamar el **mapa estratégico.**

Un Plan Estratégico se puede estructurar también formulando planes, programas o proyectos de inversión. Son herramientas técnicas más elaboradas que incluyen presupuestos y cronogramas de ejecución. **Los proyectos de inversión se** formulan cuando se comprometen importantes sumas de recursos financieros y se requieren estudios de viabilidad para tomar la decisión de ejecutarlos, modificarlos o rechazarlos.

MAPA ESTRATÉGICO

ESTRATEGIAS	OBJETIVOS	ACTIVIDADES	METAS E INDICADORES
ESTRATEGIA I	1.1		1.1
	1.2		1.2
ESTRATEGIA II	2.1		2.1
	2.2		2.2
ESTRATEGIA III	3.1		3.1
	3.2		3.2

PRESUPUESTOS Y FLUJOS DE CAJA

Sobre presupuesto y técnica presupuestal hay una buena cantidad de desarrollos académicos. Para la gestión de pequeñas y medianas empresas son pertinentes, útiles y necesarios el presupuesto de ingresos y gastos y el flujo de caja o presupuesto de efectivo.

El presupuesto de ingresos y gastos es una proyección de los ingresos, costos y gastos, mensuales o anuales, elaborada con base en las actividades contempladas en el plan estratégico de desarrollo. El ejemplo que se presenta a continuación nos muestra los principales elementos que contiene un presupuesto de una pequeña empresa

PRESUPUESTO DE INGRESOS Y GASTOS

INGRESOS	**8.500**	**7.200**	**9.700**	**9.700**	**5.600**	**2.500**	**1.000**	**2.300**	**6.000**	**52.500**
Ventas	8.500	7.200	9.700	9.700	5.600	2.500	1.000	2.300	6.000	52.500
COSTO DE VENTAS	**370**	**370**	**500**	**500**	**500**	**1.100**	**950**	**300**	**370**	**4.960**
Insumos	70	70	200	200	200	800	800	100	70	2.510
Transporte	300	300	300	300	300	300	150	200	300	2.450
EXCEDENTE BRUTO	**8.130**	**6.830**	**9.200**	**9.200**	**5.100**	**1.400**	**50**	**2.000**	**5.630**	**47.540**
GASTOS ADMINISTRACIÓN	**4.715**	**4.715**	**5.065**	**4.715**	**5.165**	**4.415**	**4.415**	**4.415**	**4.415**	**42.035**
Laborales	4.250	4.250	4.250	4.250	4.250	4.250	4.250	4.250	4.250	38.250
Servicios públicos	165	165	165	165	165	165	165	165	165	1.485
Amortización crédito	300	300	300	300	300					1.500
Impuestos			350		450					800
EXCEDENTE Ó PERDIDA	**3.415**	**2.115**	**4.135**	**4.485**	**-65**	**- 3.015**	**- 4.365**	**- 2.415**	**1.215**	**5.505**

Un flujo de caja es una proyección de las entradas y salidas de efectivo a la caja o tesorería de la organización. Es una herramienta esencial para la planeación financiera y para la gestión del riego de liquidez que responde a interrogantes como los siguientes:

1. ¿Cuál es el monto apropiado de dinero disponible que demanda la organización para su funcionamiento?
2. ¿A qué fuentes de financiamiento se planea acudir?
3. ¿Cuáles son los destinos de los recursos de la organización?

FLUJO DE CAJA DE UNA MICROEMPRESA

	ENE	FEB	MAR	ABR	MAY	JUN	JUL	AGO	SEP
SALDO ANTERIOR	**500**	**3.915**	**6.030**	**9.165**	**12.650**	**12.585**	**7.970**	**3.605**	**1.190**
INGRESOS									
Ventas	8.500	7.200	8.700	8.700	5.600	2.500	1.000	2.300	6.000
Crédito									2.000
TOTAL INGRESOS	**8.500**	**7.200**	**8.700**	**8.700**	**5.600**	**2.500**	**1.000**	**2.300**	**8.000**
DISPONIBLE MES	9.000	11.115	14.730	17.865	18.250	15.085	8.970	5.905	9.190
EGRESOS									
Insumos	70	70	200	200	200	800	800	100	70
Salarios y prest.	4.250	4.250	4.250	4.250	4.250	5.850	4.250	4.250	4.250
Transporte	300	300	300	300	300	300	150	200	300
Servicios públicos	165	165	165	165	165	165	165	165	165
Pagos crédito	300	300	300	300	300				325
Impuestos			350		450				
TOTAL EGRESOS	**5.085**	**5.085**	**5.565**	**5.215**	**5.665**	**7.115**	**5.365**	**4.715**	**5.110**
SALDO del MES	**3.915**	**6.030**	**9.165**	**12.650**	**12.585**	**7.970**	**3.605**	**1.190**	**4.080**

CONTABILIDAD Y ESTADOS FINANCIEROS

La Contabilidad es un sistema de información que permite organizar, procesar y presentar en forma ordenada y comprensible la información sobre las transacciones diarias de una empresa, sobre su situación financiera en un momento específico, y sobre los resultados de su operación en un determinado período de tiempo.

La información contable es la principal herramienta de gestión para los dueños y administradores de la empresa, y es indispensable para cumplir obligaciones legales, tributarias y para información a proveedores, entidades de crédito, inversionistas, clientes, etc.

La situación económica y los resultados de una empresa se resumen en informes contables denominados

estados financieros.

Saber interpretar los estados financieros de una empresa es útil para cualquier persona, y es una competencia accesible con el dominio de la aritmética elemental. Para los asociados a las cooperativas es una necesidad, en la medida en que, como propietarios y gestores, tenemos el derecho y el deber de recibir los informes de los administradores, evaluar su desempeño y participar en la toma de decisiones.

Las normas contables

Todos los sistemas contables se basan en principios universales como el de *registro por partida doble* y el de la *ecuación contable*, pero cada país adopta determinados estándares y regula la contabilidad con normas específicas.

En Colombia, mediante la ley 1314 de 2009, se adoptó el sistema de **Normas Internacionales de Información Financiera, NIIF**. Las pequeñas y medianas empresas están obligadas a adoptar las NIIF para PYMES, a partir del ejercicio del año 2016.

Las NIIF establecen los procesos que conducen a la obtención y presentación de los estados financieros. Estos procesos comprenden:
1. Reconocimiento
2. Medición
3. Presentación y
4. Revelación

- **Reconocer** es incorporar un hecho o transacción a la información financiera.
- **Medir** es establecer el valor monetario de un hecho o una transacción.
- **Presentar** es clasificar y registrar los hechos o transacciones como activos, pasivos, patrimonio, ingreso o gasto.
- **Revelar** es presentar información en notas explicativas de las cifras presentadas en los estados financieros, o notas descriptivas de hechos no cuantificables.

Los Estados Financieros

Bajo NIIF, las pequeñas y medianas empresas elaboran y presentan los siguientes estados financieros:

1. Estado de situación financiera
2. Estado de cambios en el patrimonio
3. Estado de resultado integral
4. Estado de flujo de efectivo
5. Notas a los estados financieros.

El *Estado de situación financiera y el Estado de cambios en el patrimonio* presentan la situación o posición financiera de la empresa en una fecha específica de corte. El Estado de resultado integral y el Estado de flujo de efectivo proporcionan información sobre el desempeño de la entidad en el período analizado. Las Notas a los estados financieros son textos explicativos o **revelaciones** complementarias a las información cuantitativa.

Por su importancia para el análisis y toma de decisiones describimos a continuación los estados de situación financiera y de resultado integral.

EL ESTADO DE SITUACIÓN FINANCIERA

<table>
<tr><td colspan="2">ACTIVOS</td></tr>
<tr>
<td>

★ ·**EFECTIVO Y EQUIVALENTES A EFECTIVO** (Caja, Bancos, Inversiones a la vista)
★ ·**INVERSIONES** (C.D.T. Acciones, bonos)
★ ·**INVENTARIOS** (Mercancías, materiales, productos en proceso)
★ ·**CARTERA DE CRÉDITOS**
★ ·**CUENTAS POR COBRAR**
★ ·**ACTIVOS BIOLÓGICOS**
★ ·**ACTIVOS MATERIALES** (Terrenos, edificios, maquinaria)
★ ·**OTROS ACTIVOS**

</td>
</tr>
</table>

PASIVOS

★ ·DEPÓSITOS
★ ·(Ahorros a la vistas, CDAT)
★ ·OBLIGACIONES FINANCIERAS
★ ·CUENTAS POR PAGAR
★ ·FONDOS SOCIALES Y MUTUALES

PATRIMONIO

★ ·CAPITAL SOCIAL
★ ·RESERVAS
★ ·FONDOS DE DESTINACION ESPEC.
★ ·EXCEDENTES DEL EJERCICIO
★ ·EXCEDENTES ACUMULADOS

El estado de situación financiera nos informa, a una fecha determinada, el valor de los activos, los pasivos y el patrimonio de la empresa. De otra manera: nos presenta los saldos de las diferentes cuentas del activo, del pasivo y del patrimonio.

Este estado nos responde importantes preguntas como las siguientes:

- Cuál es el valor total de la empresa.
- Cuánto debe la empresa.
- Cuánto del valor de la empresa es propiedad efectiva de sus dueños.

El esquema presenta los principales grupos de cuentas que componen cada uno de los conceptos del balance de situación financiera.

Activos son todos los recursos que controla la entidad, que los usa y le proporcionan beneficios económicos. El control sobre un activo puede ser a título de propiedad, préstamo, arrendamiento, etc.

Pasivos son deudas o obligaciones a cargo de la entidad, las cuales, al vencerse, le ocasionan disminución de los recursos que controla.

El Patrimonio corresponde a los bienes y derechos de propiedad de los socios o asociados, una vez deducidas las obligaciones reflejadas en el **pasivo.**

En el estado de Situación Financiera se verifica la igualdad o ecuación contable, que establece que el valor del activo es igual al valor del pasivo más el valor del patrimonio.

$$ACTIVO = PASIVO + PATRIMONIO$$

EL ESTADO DE RESULTADO INTEGRAL

El Estado de Resultado Integral presenta, para un período, los resultados de la empresa en términos de ingresos, costos, gastos y utilidades o excedentes.

Mediante una expresión aritmética se puede sintetizar así:

$$INGRESOS - COSTOS - GASTOS = EXCEDENTES$$

Se presenta generalmente con la siguiente estructura:

ESTADO DE RESULTADO INTEGRAL

CONCEPTOS	VALORES
INGRESOS OPERACIONALES	
INGRESOS POR VENTAS BIENES Y/O SERVICIOS	
OTROS INGRESOS	
COSTO DE VENTAS	
COSTO DE VENTAS Y PRESTACIÓN DE SERVICIOS	
COMPRAS	
COSTO DE PRODUCCIÓN Y DISTRIBUCIÓN	
EXCEDENTE BRUTO	
GASTOS DE ADMINISTRACIÓN	
BENEFICIO A EMPLEADOS	
GASTOS GENERALES	
Impuestos	
Arrendamientos	
Reparaciones locativas	
Servicios públicos	
Publicidad y propaganda	
Gastos legales	
DEPRECIACIONES	
OTROS GASTOS	
EXCEDENTE (o PÉRDIDA) DEL EJERCICIO	

Este estado es el que permite conocer el valor de las utilidades o pérdidas que genera la empresa. Se acostumbra presentarlo para dos períodos, el actual y el anterior, para efectos de comparar el desempeño de la empresa de un período a otro.

Nota sobres las NIIF

La adopción de las NIIF generó debate en el sector solidario, en especial sobre el tema del tratamiento contable que se da a los **aportes sociales.** Con la norma anterior (decreto 2649 de 1993) y de acuerdo a la legislación cooperativa colombina (ley 79 de 1988), los aportes sociales conforman el patrimonio de la empresa y se contabilizan como cuenta del patrimonio. De acuerdo a las NIIF los aportes se contabilizan como pasivos, lo cual, en nuestro medio, debilita patrimonialmente a las entidades. El decreto 2496 de 2015, expedido por el Ministerio de Comercio, Industria y Turismo, establece excepciones a las NIIF para el tratamiento contable de los aportes sociales y la cartera de créditos, restableciendo la vigencia de la ley 79 de 1988 en lo referente a los aportes sociales. Esta salvedad acerca en algo la norma a la naturaleza de los aportes sociales en las cooperativas, los cuales constituyen un acto cooperativo bien diferente a los actos puramente mercantiles regulados por las NIIF.

ANÁLISIS FINANCIERO

La información sobre la situación económica de la empresa y sus resultados la encontramos organizada en los estados financieros y demás informes contables. Para evaluar su desempeño y proyectar su desarrollo es necesario analizar e interpretar esa información.

Análisis financiero es el estudio que se hace de la información contable mediante el cálculo de porcentajes, indicadores, tasas y razones financieras. Sobre los estados financieros se hacen comúnmente dos tipos de análisis: análisis vertical y análisis horizontal.

Análisis Vertical

El análisis vertical se hace mediante el cálculo de porcentajes de participación de una cuenta, o un grupo de cuentas, en un grupo más amplio de cuentas, o en el total del activo, del pasivo o del patrimonio.

- Ejemplo 1: sobre el estado de situación financiera se calcula el porcentaje que representa el valor de mercancías para la venta en el valor total de los inventarios.
- Ejemplo 2: sobre el estado de situación financiera se calcula qué porcentaje del valor del activo está representado en maquinaria, planta y equipo.
- Ejemplo 3: sobre el estado de resultado se calcula que porcentaje de los gastos totales representa la cuenta gastos del personal.
- Ejemplo 4: sobre el estado de resultado se calcula el porcentaje de ingresos que proviene de intereses ganados por dinero invertido en CDT.

El análisis vertical es estático porque analiza la información referida a una determinada fecha de corte. Es el que permite conocer lo que se denomina la Estructura Financiera de la empresa.

Análisis Horizontal

El análisis horizontal se hace calculando las variaciones absolutas (diferencia en pesos) y las variaciones relativas (en porcentajes) de una cuenta o grupo de cuentas de un período a otro. Aplica tanto para el Estado de Situación Financiera como para el Estado de Resultados.

El hecho de permitir la comparación de estados financieros de diferentes períodos le da al análisis horizontal la característica de análisis dinámico, y es el que permite conocer la evolución histórica de importantes variables medidas en las cuentas.

INDICADORES FINANCIEROS

El análisis de los estados financieros se hace también mediante el cálculo de razones, porcentajes o coeficientes, a partir de los valores arrojados por la contabilidad. Se utilizan para comparar cuentas, para determinar el comportamiento de una variable a través del tiempo, para encontrar promedios y tendencias que apoyan la toma de decisiones. Reseñamos a continuación algunos de los más utilizados.

Indicadores de estructura

Estructura es la conformación particular de la empresa en términos de activos, pasivos y patrimonio. Se estudia mediante el análisis vertical del estado de situación financiera y con indicadores como los siguientes:

- PATRIMONIO SOBRE ACTIVOS: Informa sobre la estructura de propiedad de la entidad.
- OBLIGACIONES FINANCIERAS SOBRE ACTIVOS: Es el indicador que informa sobre el nivel de endeudamiento o apalancamiento de la empresa. Su análisis es vital para las decisiones financieras que determinan si las operaciones de la empresa se fondean con recursos propios o con crédito.
- PATRIMONIO NETO SOBRE CAPITAL SOCIAL: Se denomina **quebranto patrimonial** y mide la cercanía de una entidad a la causal de liquidación establecida en el artículo 457 del Código de Comercio.

Indicadores de eficiencia operativa

Informan sobre la eficiencia en la utilización de los recursos. Los principales son:

- GASTOS DE PERSONAL SOBRE ACTIVO PROMEDIO
- GASTOS ADMINISTRATIVOS SOBRE ACTIVO PROMEDIO
- GASTOS GENERALES SOBRE ACTIVO PROMEDIO

El valor del ACTIVO PROMEDIO se obtiene de la suma del valor del Activo al comienzo del período más el valor del Activo al final del período dividido en 2. Estas razones deben tener un valor inferior a 1 y entre menor sea su valor, mayor es la eficiencia en la utilización del recurso.

Indicadores de rentabilidad

Miden la rentabilidad de la empresa en términos del porcentaje que representan los excedentes obtenidos con respecto al activo y al patrimonio. Los principales son:

- EXCEDENTE NETO SOBRE ACTIVO PROMEDIO
- EXCEDENTE NETO SOBRE PATRIMONIO

Indicadores de liquidez

Liquidez es la capacidad de la empresa para cumplir sus compromisos financieros de corto plazo y financiar las actividades normales de su objeto social. Los principales indicadores del grado de liquidez de una empresa son:

- CAPITAL DE TRABAJO: Activo corriente – pasivo corriente
- RAZÓN CORRIENTE: Activo corriente / pasivo corriente
- PRUEBA ÁCIDA: (Activos corrientes – Inventarios) /Pasivos corrientes. La prueba ácida es un complemento de la razón corriente cuando el inventario de la entidad no es fácilmente convertible en dinero.

LA GESTIÓN DE RIESGOS

Porque un componente esencial del futuro es la incertidumbre, en todas la actividades económicas siempre hay riesgos. Es decir, todas las empresas afrontan la probabilidad de que los objetivos no se logren, que las metas no se alcancen, que se pierdan parcial o totalmente los recursos invertidos. Por esto, uno de los temas importantes que se han incorporado a la administración empresarial es el de la **gestión de riesgos.** Ya es práctica corriente en las entidades del sector financiero pero es pertinente para cualquier tipo de empresa, y puede hacer la diferencia entre sufrir sobresaltos o anticiparse a eventos adversos y lograr un desarrollo con estabilidad.

Gestionar un riesgo es:
- **Identificarlo:** determinar si está presente o no en una determinada organización.
- **Medirlo:** cuantificar la probabilidad de que ocurra,
- **Monitorearlo**: hacerle seguimiento,
- **Prevenirlo:** tomar medidas para evitar se materialice y
- **Mitigar** su impacto en caso de que ocurra.

El tipo de riesgos que enfrenta cada empresa específica se relaciona con el tipo de actividad que desarrolla. Encontramos, sin embargo, algunos que pueden considerarse como generales, que se presentan en todas o en varios tipos de empresa.

El riesgo de mercado

Riesgo de mercado es la posibilidad de incurrir en pérdidas a causa de variaciones desfavorables en los precios de los bienes o servicios. En las economía de mercado las pequeñas y medianas empresas encuentran precios fijados por las "fuerzas del mercado", y son múltiples los factores que pueden llevar los precios a niveles que no cubran los costos de producción.

La gestión del riesgo de mercado tiene que ver entonces con el seguimiento a las variables que determinan los precios (oferta, demanda, calidad de los productos, posicionamientos de marcas, competencia, avances en productividad), la implementación de estrategias que contrarresten las fluctuaciones bruscas del mercado, y el cálculo de niveles mínimos de tolerancia a los impactos de esas fluctuaciones.

El riesgo operativo

Riesgo operativo es la probabilidad de incurrir en pérdidas por fallas en el funcionamiento de la entidad.

Los principales factores que generan riesgo operativo son:

1. Los procedimientos
2. Las personas (operarios, funcionarios y administradores)
3. La infraestructura tecnológica y
4. La infraestructura física.

Del riesgo operativo se derivan dos tipos de riesgos más: el riesgo legal, referido a pérdidas por incumplimiento de normas legales; y el riesgo reputacional, relacionado con la pérdida de confianza en la empresa por parte de los asociados, usuarios o clientes.

En la gestión del riesgo operativo juegan un rol fundamental los sistemas de control interno y los planes de contingencia.

El riesgo de liquidez

Es la probabilidad de incurrir en pérdidas derivadas de situaciones en las que la entidad no cuenta con los recursos disponibles para responder a obligaciones o compromisos de pago. Una cuidadosa planeación financiera es el camino para prevenir dañinos eventos de iliquidez y para este propósito cobran su vital importancia herramientas como los estados financieros, los presupuestos, las proyecciones del flujo de efectivo.

El riesgo sistémico

El denominado riesgo sistémico hace referencia a problemas que puede enfrentar una entidad derivados de problemas en otras entidades del sector o subsector de la misma actividad económica. Se presenta por lo general en situaciones de crisis económica, y tiene que ver estrechamente con la confianza en las instituciones y/o con eventos de pánico económico.

La gestión del riesgo sistémico no es, por su naturaleza, competencia de cada entidad en particular. Habría que pensar en mecanismos de autocontrol compartidos por las entidades del sector, en la efectividad de la regulación estatal y en hacer realidad los factores que se mencionaron como componentes de la *"ventaja Cooperativa"*

Riesgo de gobernabilidad

El riesgo de que una organización tenga problemas o desaparezca por *crisis de gobernabilidad* no ha sido tan formalizado académicamente, pero es real y los ejemplos, desafortunadamente, no faltan. En el sector solidario se presenta porque las cooperativas son organizaciones sociales, en las que todos sus miembros tienen la responsabilidad de darse un gobierno, de renovar periódicamente la administración. Y dado que estos procesos tienen que ver con ejercicio de poder, hay el riesgo de que el poder se ejerza en función de intereses de individuos o de grupos, más que como servicio a la colectividad base que lo delega.

El principal antídoto contra los problemas de gobernabilidad es la vivencia plena e intransigente de los valores y los principios cooperativos. Estos principios y valores no son formulaciones teóricas, sino que son herramientas funcionales efectivas en la administración de las organizaciones. En las organizaciones grandes los asociados de base tienden a delegar su poder y desentenderse de su papel de gestores. Así se generan condiciones propicias para que el poder sea utilizado en beneficio de los grupos de directivos o administradores.

Generar una ética del liderazgo y de la gestión colectiva es el reto del cooperativismo frente a nuestras impenitentes inclinaciones al caudillismo y al mesianismo. Esto, en términos más sencillos no es otra cosa que aprender a trabajar en equipo.

Los códigos de ética y de buen gobierno son instrumentos técnicos y funcionales que ayudan a prevenir situaciones de abuso de poder y de corrupción.

EL BALANCE SOCIAL

El concepto de Balance Social, junto con el de Responsabilidad Social Empresarial, viene siendo acogido por organizaciones empresariales de diversa naturaleza. Las empresas capitalistas lo utilizan para caracterizar actividades filantrópicas en favor de grupos humanos vulnerables o de cuidado del medio ambiente, muchas con propósitos humanistas, pero también, no pocas, con finalidades publicitarias.

En las cooperativas, dado su doble carácter de empresas y de organizaciones sociales, el balance de la gestión social es tanto o más importante que los balances de tipo económico.

Balance Social es un informe que relaciona y evalúa el cumplimiento, o incumplimiento, de los objetivos, acciones y metas de carácter social definidos en el Plan Estratégico de Desarrollo. En ausencia de este último instrumento, el balance social estará referido al cumplimiento de los principios cooperativos, el avance en apropiación de los valores, el desarrollo humano de los colaboradores, los desempeños en materia de educación y solidaridad, la incidencia de la entidad en el entorno socioeconómico.

A nuestra manera de ver, el balance social es más una herramienta de gestión que estrategia de información. Es evaluación de aciertos y desaciertos o insuficiencias para hacer ajustes y mejoras en los planes y proyectos de acción. Debe evaluar la gestión social en tres ámbitos:

1. El aporte de la entidad al desarrollo humano, social y cultural de los asociados.
2. El desarrollo humano de los colaboradores (trabajadores) propiciado por el clima organizacional, las retribuciones no salariales, las acciones de bienestar, etc.
3. Los aportes al entorno sociocultural derivados del ejercicio del séptimo principio cooperativo.

Sobre metodología y modelos para la elaboración del balance social hay variados enfoques y propuestas, incluyendo el formato de la superintendencia de la economía solidaria para presentarle informe. Algunos de estos enfoques proponen traducir los componentes del balance social a valores cuantitativos. Remiten, entonces, el balance social a conceptos como trasferencias de dinero a cada asociado a través de programas de solidaridad y educación, ventajas económicas en compras colectivas, diferenciales en precios o tasas de interés, valor de donaciones o aportes a causas sociales, etc.

En nuestro concepto, hay elementos del balance social que no se pueden expresar en términos cuantitativos, pero que deben ser evaluados si se contemplan en los fines sociales estatutarios o en el plan estratégico de desarrollo. Pensamos, por ejemplo, en el aporte de la cooperativa a la construcción de tejido social, dignidad humana, trabajo decente, conciencia ciudadana, democracia participativa, justicia y equidad, conciencia ecológica, identidad cultural. Son tareas del cooperativismo que van más allá de contribuciones al mejoramiento del "nivel de vida", tantas veces simplificado y entendido como sinónimo de nivel de consumo.

Como empresa, la primera y más importante responsabilidad social de una cooperativa es su propia sostenibilidad. Por la confianza de los asociados en su duración indefinida, y por lo que significa para los trabajadores una vinculación laboral estable. Sigue siendo cierto que los asalariados construyen su proyecto de vida, de manera expresa o tácita, a partir de su empleo, y que las liquidaciones de empresas son traumáticas para los trabajadores y sus familias.

EPILOGO

VIGENCIA HISTÓRICA DEL COOPERATIVISMO

Desde una perspectiva ética optimista que confía en que la humanidad encontrará la manera de vencer a los monstruos apocalípticos que amenazan su supervivencia, tenemos la firme convicción de que el cooperativismo es una potente alternativa de organización socioeconómica idónea y vigente en la actual coyuntura histórica. Por las siguientes razones, entre otras:

1. El sistema económico dominante en el mundo, movido por el imperativo del lucro y la acumulación, es social y ecológicamente insostenible. Socialmente porque excluye a una gran parte de la población. El crecimiento necesita y genera un incremento continuo de la productividad, la cual se logra, principalmente, con innovación tecnológica, con utilización de más capital y menos trabajo en el proceso productivo. Pero la jornada laboral no disminuye, como cabría esperar en un sistema socioeconómico centrado en el ser humano, porque otra de las características sustanciales del capitalismo es la explotación del trabajador, la apropiación de los beneficios del progreso técnico por parte de los capitalistas. Así, al sistema económico le sobra cada vez más gente, crecen la exclusión y la pobreza, el descontento social y los conflictos.

La insostenibilidad ecológica resulta de hecho de que mientras los recursos del planeta son limitados, la continuidad del capitalismo requiere un crecimiento ilimitado de la producción y el consumo. Por ahora, todas las aspiraciones de progreso de los pueblos y todas las prácticas de política económica de los gobiernos tienen como base y propósito esencial el *crecimiento*. Y la teoría económica vigente valida esta dinámica. Algunos tímidos planteamientos que hablan de *"decrecimiento"* suenan marginales y exóticos. Pero el planeta ya no aguanta más. El impacto sobre cambio climático es una realidad innegable que exige, con urgencia, acción consciente de los seres humanos como ciudadanos del mundo, *habitantes de una casa común.*

2. El cooperativismo se ha desarrollado en contextos caracterizados por el predominio de alguno de los dos sistemas de producción, capitalismo o socialismo, al lado de otras diversas formas de producción, y respetando la pluralidad en materia de convicciones políticas. Frente a los retos del mundo actual, **un sistema cooperativo** que integre funcionalmente las diversas ramas de la producción y se articule con otras formas de organización empresarial, será sin duda una alternativa cierta, consolidada y potente para la construcción de **un nuevo orden social.**

Lo que identifica al modelo cooperativo y lo diferencia de otros sistemas productivos es que es un sistema basado en valores y principios éticos que propone gestionar el desarrollo económico conscientemente y en función del ser humano. En una empresa cooperativa donde todos sus trabajadores son asociados (propietarios, gestores y usuarios) no hay contradicción entre capital y trabajo. Los productores directos son los propietarios de los medios de producción, superando así una de las relaciones estructurales del modelo capitalista: la explotación de trabajo asalariado. Así, su naturaleza contribuye a la creación de un nuevo paradigma socio-cultural que haga viables aspiraciones ya elaboradas como las de **producción limpia, trabajo digno, comercio justo, desarrollo sostenible.**

3. En sociedades afectadas por conflictos sociales prolongados y violentos, es inevitable el deterioro de las organizaciones sociales, las instituciones, los valores y las relaciones humanas, patrimonio cultural que las comunidades construyen paulatinamente. A este tipo de daño se le llama **destrucción del tejido social**. El cooperativismo, con sus valores y prácticas de ayuda mutua, responsabilidad y solidaridad, es en sí mismo tejido social, y es instrumento idóneo para recuperar confianza, ciudadanía y ética para la convivencia.

4. Para que un individuo pueda desarrollar virtudes sociales, tiene que estar enraizado en una comunidad donde aprenda valores. Y para convertir los valores en hábitos y costumbres es necesario un ambiente vivencial institucionalizado. El cooperativismo genera ambientes institucionales y entornos de vida cotidiana propicios para el aprendizaje y la vivencia de los valores de democracia, igualdad, responsabilidad, ayuda mutua, solidaridad, de cuidado de sí mismo y del entorno. Es una poderosa herramienta para transformar la cultura de individualismo y competencia, hacia una cultura de la cooperación que tenga en su base el reconocimiento del otro como igual en esencia y en derechos.

5. La democracia es una de las conquistas perennes y esenciales de la humanidad, fundamento irremplazable de cualquier tipo de organización o colectivo humano que requiera normas y gobierno para funcionar. Asunto aparte es que, al igual que con el ideal de libertad, en su nombre se hayan cometido atrocidades, y que en la actualidad la encontremos debilitada por la masificación de los seres humanos y la falta de conciencia ciudadana. Las cooperativas auténticas son escuelas de democracia. En los principios y valores se consagra su práctica y se establecen los medios para lograrla: autogestión, participación, transparencia, igualdad, educación, capacitación e información. La democracia cooperativa es incluyente, y en su vivencia cotidiana genera ambientes propicios para la apropiación de los valores como hábitos y costumbres.

6. Así, agarrados de la tesis del gran Einstein de que las crisis son oportunidades, ésta coyuntura histórica puede ser la oportunidad para implementar el cambio socioeconómico estructural que el mundo reclama, y encontrar la manera de satisfacer las necesidades humanas mediante un sistema productivo gestionado por la inteligencia y el conocimiento, que sea compatible con la preservación de la vida en el planeta.

La tal mano invisible no existe.
Es preciso construir el mundo que queremos.